¿Existe Dios?

Respuesta a Rafael Marín

CHEO CORREA

Segunda Edición

Ilustración y diseño de portada
Rómulo Carlos Correa Román

Copyright © [2015] Por [Cheo Correa]
Todos los derechos reservados
Depósito Legal N° LF0932015200935
ISBN: **978-980-12-7934-1**

Índice

Introducción	**6**
¿Existe Dios?	**8**
El dios ególatra	**26**
El Gran Atractor	**42**
El Arquitecto del universo	**53**
¿Por qué no lo ha encontrado?	**62**
¿Dios de los ejércitos?	**74**
Jehová no es el creador del universo	**89**
¿Cómo fue creado el dios Jehová?	**101**
Los cambios que sufrió Jehová	**140**
Dios si existe	**177**
¿Quién es Cheo Correa?	**197**

Introducción

Al contrario de lo que muchos podrán pensar, este no es un libro religioso que busque implantar una nueva creencia, pero debo advertirle que lo planteado en sus páginas, no es apto para los individuos fanatizados con este tipo de organización, cuyos estados de consciencia no les permiten darse cuenta del engaño al que se encuentran sometidos. A ellos les digo con toda sinceridad, por favor no lean esto, porque todavía no están preparados para enterarse de lo que han venido venerando durante todos estos siglos.

Esta obra fue concebida con un sólo propósito, hacer reflexionar a todas aquellas personas dispuestas a deslastrarse de los falsos y rancios dogmas, que la puedan leer con la debida tranquilidad y sin ofuscación alguna. Lo primero que hago, es tratar de darle una idea clara del significado de estas dos palabras, para no entrar en polémica con esos charlatanes que viven parasitando en la sociedad planetaria, diciendo representar a esas entidades fabricadas por ellos o por sus antepasados, presentándolas como dioses.

Ella se encuentra sustentada en una serie de trabajos que he estado publicando durante varios años en la prensa de mi país, Venezuela.

A través de su lectura podrá comprender las razones que llevaron a esos personajes alérgicos al trabajo, a generar toda esa serie de desinformaciones para obtener su diario sustento de nuestros congéneres más ingenuos, a los que les han presentado toda esa farsa desde tiempos inmemoriales, para impedirles percibir lo que están buscando.

¿Cómo podemos saber si Dios existe o no?

¿Está consciente del significado de la palabra existir?

¿Qué es un dios?

¿En qué se diferencia Dios de las creaciones sacerdotales que nos presentan en esas organizaciones dogmáticas dedicadas al engaño?

¿Sabe cuál es el significado de la palabra espíritu?

¿De qué está constituido ese Magno Ser?

¿Realmente quiere hallarlo?

¿Cómo pretendemos encontrar algo si no sabemos lo que buscamos?

¿Fueron los humanos creados a su imagen y semejanza?

¿Existe Dios?

Hace poco más de una década, para ser más exacto, el día miércoles 10 de noviembre de 1999, visité las instalaciones del Diario Región Oriente, en la ciudad de Cumaná, estado Sucre, Venezuela, en compañía de la Sra. Teresa de Jesús Abreu Ortiz (secretaria de relaciones públicas de NEVCU en esa fecha), para entrevistarme con su director, el Sr. Rafael Marín, con la finalidad de obtener un espacio en sus páginas de opinión, y proporcionarles a sus respetados lectores, un rayito de luz dentro de esta inmensa oscuridad, donde los imponedores de dogmas mantienen prisionero a un alto porcentaje de la humanidad, obteniendo de ellos sus recursos económicos para vivir con ostentación, sin tener necesidad de accionar algún músculo distinto a la lengua.

En la amena conversación que sosteníamos, pese a algunas interrupciones telefónicas, fuimos abordando diferentes temas de actualidad para esos años, hasta que finalmente nos introducimos en los de índole filosóficos y religiosos, siendo justo en esos momentos cuando el Sr. Marín, sin olvidarse de su labor periodística, me realizó una pregunta que en un principio pareciera bastante sencilla de responder, si no le prestamos la debida atención a todo lo que encierran esas dos palabras empleadas por mi interlocutor: "¿Existe Dios?".

Le manifesté que antes de responderle su interrogante, primero deberíamos ponernos de acuerdo para tener una idea bastante clara de todo lo que encierra la palabra "Existir", pues, ella ha venido siendo usada a lo largo de la historia como sinónimo de diferentes palabras o expresiones, y si llegábamos a discrepar de su significado por no ser conocedor de esto, difícilmente aceptaría mi exposición cuando finalizara contestándole afirmativa o negativamente, porque la magnitud de su pregunta no es para ser respondida con un simple Sí, o un No.

Cuando revisamos el diccionario de la Real Academia Española, nos damos cuenta que esa palabra es definida de la siguiente manera: "Dicho de una cosa: Ser real y verdadera. Tener vida. Haber, estar, hallarse. En la Academia existe un autógrafo de Cervantes".

Pero si nos dedicamos a observar con detenimiento, como la han venido aplicando los habitantes de diferentes culturas y naciones, a lo largo de la historia, vemos que comúnmente la emplean para referirse a verbos tan diversos como: Estar, Haber, Hallarse, Vivir, Habitar, etc. Aunque comúnmente la usamos para referirnos a los seres vivos o los portadores de ésta; un ejemplo sería: "Los elefantes existen, el ave Fénix no".

Después de aclararle ese punto, le dediqué varios minutos a hablarle de ese personaje que todavía sigue apasionando a todas las personas; incluso a quienes se califican de ateos, por olvidar o desconocer el significado de este vocablo, y no tener la más mínima idea de lo que es el Universo, al que vienen confundiendo frecuentemente con el cosmos o El Plano Físico, por ser la parte más conocida por ellas. La mayoría de la gente no está enterada, que la región donde se encuentran los astros, las constelaciones y los sistemas planetarios, es apenas un tercio de él.

Al percatarme del interés que mostraba el Director de Región por mis palabras, aproveché de darle algunos detalles acerca de esta magna obra que está constituida por tres regiones, secciones o módulos, independientes entre sí, constituida cada una de ellas, por unos elementos con propiedades totalmente diferentes, que surgieron tras la condensación o compactación a niveles distintos, de la única materia prima existente en un principio, La Energía.

Aunque al principio no pensé en profundizar demasiado en la respuesta que le estaba dando, porque sería demasiada información para ser digerida en tan poco tiempo. Ante las nuevas interrogantes que continuaban brotando a mayor velocidad de su boca, por sentirse fascinado con lo que estaba escuchando, consideré que estaba preparado para darle a conocer los nombres de los otros dos tercios o regiones de esta edificación que los habitantes de este planeta no han podido comprender hasta ahora, El Plano Astral y El Plano Mental.

Igualmente le aclaré que la palabra "Dios" no es un nombre propio, como lo asimilaron durante la Edad Media, todas las personas que se vieron obligadas a aceptar esa corriente religiosa sustentada en un presunto semidiós llamado Jesucristo; convencidas la mayoría de ellas, a través de infinidad de engaños, porque quienes se resistieron en los primeros tiempos llegaron a sentir de alguna manera, el filo de las espadas puestas al servicio de esa institución dogmática.

Aunque los creadores de esa doctrina comenzaron a implantar sus imposiciones entre la gente ingenua del decadente imperio romano y sus provincias, sustentándose inicialmente, en los artificios generados de los relatos que Simón (San Pedro) le hiciera a Saulo (San Pablo); viniendo a ser después de dictarse el Edicto de Milán, en el año 313, cuando procedieron a utilizar las espadas, los chantajes y otros métodos terroristas para convencer a quienes tenían otras creencias, hasta desatar el genocidio entre los habitantes de América y África.

Como consecuencia de lo anterior, y otras acciones atroces cometidas por los avariciosos conductores del cristianismo, en los siglos posteriores, fue como a las generaciones seguidoras de estas creencias las acostumbraron a escribir ese vocablo con la primera letra en mayúscula, para diferenciar a su entelequia de las veneradas dentro de las otras organizaciones dogmáticas, identificadas por ellos como ídolos o falsos dioses, a quienes frecuentemente les daban ese mismo calificativo, copiándolo siempre con letras minúsculas.

Le recomendé investigar "las amorosas actuaciones" de los Papas, los Obispos y sus Sacerdotes de bajo rango, desde el siglo V hasta comienzos del XX, para que se enterara de la realidad donde se vieron envueltos todos esos nefastos individuos, que se colocaban faldas cuando les resultaba conveniente a sus mezquinos intereses personales. Procediendo luego a saciar sus bajas pasiones, en nombre de esa fabulosa divinidad mostrada como el mismo "dios verdadero", a pesar de reconocerla como el hijo del dios de los hebreos y una mortal.

Ahora le pregunto a usted amigo lector. Cuál es su opinión de los actuales representantes de esta misma organización, donde continuaron recibiendo cobijo, delincuentes de diferentes calañas como los inquisidores, individuos con distintos trastornos de conducta sexuales, como los pederastas que se han dado a conocer en los últimos tiempos, y los demás transgresores que no han salido a la luz pública todavía, porque continúan siendo encubiertos por los más altos jefes de esta organización, que chantajean a las víctimas para silenciarlas.

Por todas las patrañas montadas por judíos y cristianos a lo largo de todos estos siglos, para distanciarse de las religiones anteriores a las de ellos, nuestros congéneres desconocen en la actualidad, que al organizarse la primitiva organización de este tipo, a finales de la segunda mitad del IV milenio a.J, tras los acuerdos alcanzados por los sacerdotes de esos tiempos, en la Media Luna Fértil, la palabra "dios" fue escogida por esos señores para colocárselos solamente a dos de los entes que llegaron a venerar.

Fueron privilegiados porque los consideraban poseedores de la capacidad o cualidad creadora. A éstos se les llegó a conocer con los nombres de Enki o Ea, el hacedor de los dos primeros humanos que se pasearon por la superficie del planeta Tierra, y Anú o An, el ser supremo de los cielos sumerios, creador de todos los seres celestiales y padre del primero, pero a Enlil y las otras entidades que eran mostradas como simples auxiliares de esos tres, nunca los llegaron a identificar como dioses, sino como entes protectores o patronos.

Sustentándome en lo planteado por aquellas personas del Neolítico, debemos aceptar que todo individuo capaz de ejecutar cualquier actividad creadora, por más sencilla que ésta pueda ser, potencialmente es un dios; pero eso no significa que debamos compararlo con alguna de aquellas entelequias exhibidas dentro de cualquiera de las instituciones dogmáticas, incluyendo en esto a la divinidad judeocristiana.

Como la única facultad que nos permite realizar esta acción es la mente, es una de las razones por la que los integrantes de algunos grupos filosóficos también han venido empleando estas expresiones, "La Máxima Mente" o "La Mente Suprema", con el propósito de referirse a ese alguien tan especial, inmaterial y sin forma definida, que en algún momento tuvo la genial idea de dedicarse a manipular la energía para permitir la aparición, generación o formación de los diferentes elementos fundamentales que constituyen el universo.

Esta capacidad o habilidad que está presente en los individuos de la especie humana, es lo único que los hace semejantes a Él, y no esa interesantísima invención dada a conocer inicialmente por los sacerdotes sumerios, a los ingenuos fieles seguidores de sus creencias, a finales del IV milenio a.J, que muchos siglos después terminó siendo copiada y distorsionada a su conveniencia, por unos intolerantes y astutos colegas suyos, quienes se mostraban durante la segunda mitad del primer milenio, como los representantes de la deidad monoteísta del pueblo hebreo.

Los autores originales de esta fábula plasmada con caracteres cuneiformes, sobre unas tablas de piedra, entre los siglos XXXIII y XXXII aproximadamente, efectuaron un planteamiento nunca antes escuchado por los especímenes sapiens-sapiens, que se habían venido desplazando a lo largo de la superficie del planeta. Estos embaucadores que hicieron de las suyas en una de las primitivas ciudades de Mesopotamia, procedieron de esta manera, para poder tener una excusa que les permitió parasitar dentro de su pueblo.

La invención de aquellos timadores que habitaron en la ciudad de Eridu, fue la siguiente: "Los seres humanos, un macho y una hembra, fueron confeccionados por el dios Ea, a imagen y semejanza de los habitantes de los cielos sumerios, con un barro elaborado con polvo de la Tierra y parte de la sangre de una deidad fallecida en combate. Los confeccionó, para que el de sexo masculino le satisficiera todas sus necesidades a los diversos seres de las alturas, y la razón de la existencia de su insignificante pareja, que no merecía ni tener nombre, era para encargarse de servirle a él".

Sabía que en el primer libro del Pentateuco, El Génesis, no se menciona en ningún momento, ese líquido que debió haberle añadido Jehová al polvo de la Tierra, para poder fabricar el barro empleado en la elaboración de su primera criatura humana, Adán. Hago esta aclaratoria, porque en el capítulo 17 de Levítico, en el versículo XIV, el escritor afirma alegremente. "Porque la vida de toda carne es su sangre...".

Cómo pueden explicar estas cosas, porque en ese primer libro que le atribuyen al expósito Moisés, sólo mencionan que el dios Jehová hizo al hombre con "polvo" de la tierra; en ningún momento señalan que le añadiera un aditivo a éste, y luego sopló en su nariz aliento de vida. Me sorprende que al soplar esa deidad de los hebreos en la protuberancia que tenía en la cara ese muñeco, esta no se deshiciera al recibir la presión del aire, por más suave que esta entelequia, mostrada como el dios verdadero, dejara salir el aire a través de su boca.

Haga un montículo con alguna porción de polvo, luego sople moderadamente o con suavidad sobre él, para que pueda observar por sus propios medios el resultado que esta acción genera; este sencillo experimento le permitirá sacar sus propias conclusiones.

¿Cree que estando esa figura con forma humana, construida exclusivamente con polvo de nuestro planeta, pudo haberse incorporado en el lecho donde fue fabricada, para poderse movilizar dentro de ese lugar donde el dios hebreo la había puesto después de haberla creado?

No le parece que sería prudente reflexionar un poco sobre este asunto, donde el Sr. Moisés plantea la aparición del primer hombre, para tratar de entender por qué manifestó más adelante, que la vida es realmente la sangre. Si esto realmente es así, ¿qué significado tiene esa cantidad de Aire o Espíritu, que le suministró la divinidad de los hebreos, a la nariz de ese inconsistente muñeco, llamado Adán?

Aclarado eso finalicé diciéndole que Dios si existe, pero que no era ninguno de esos entes fabricados por los sacerdotes de la antigüedad. Esas entelequias que han venido siendo idolatradas dentro de las religiones, no son creadores de nada, sino absurdas creaciones de estos astutos individuos que manifestaban representarlas aquí en la Tierra para obtener beneficios, y como no se conformaron con atribuirles apariencias humanas o de algunos animales, llegaron al colmo de añadirles muchas de sus propias virtudes y defectos.

El Arquitecto del Universo no es un individuo con características similares a las del resto de los seres humanos. Es una entidad carente de forma, por estar constituido de energía en el mayor estado de pureza imaginado por nosotros; aceptémoslo de una vez, no es una entidad de "Aire", es decir, no es un "Espíritu", que era el significado dado a esa palabra procedente de la lengua hablada por los habitantes de aquellos antiguos grupos tribales indoeuropeos, asentados en las tierras del Lacio, que terminó convirtiéndose en el idioma de los romanos.

De este formidable y único Ente energético dotado de inteligencia, es de donde salieron y continúan haciéndolo todas las porciones infinitesimales a las que les doy el nombre de "Chispas", para activar a las inertes estructuras de material proteico llamadas cuerpos, cuando se acoplan a ellas. A través de ese complejo proceso incomprendido por la mayoría de nosotros, es como se llegan a formar los seres portadores de vida más elementales; por eso, mucha gente se ha estado refiriendo a Él, como el Padre de los seres vivos.

En lo personal pienso que no existe palabra alguna para definir a este Magno Ser, pero estoy consciente que necesitábamos referirnos a Él de alguna forma, dándole un calificativo. Me parece bastante acertado haber seguido usando esa palabra tan sencilla, empleada originalmente por los sumerios para identificar a los dos entes considerados por ellos como creadores, porque de esa manera no llegaban a contradecir a religión o filosofía alguna; aunque esto ha confundido a los desconocedores del significado original, que se le dio a esta palabra.

Todos esos entes con nombre, forma y tamaño, fueron creados en el pasado por esos personajes alérgicos al trabajo, para obtener su sustento diario sin tener necesidad de ejercitar sus músculos, en las comunidades donde hacían de las suyas. Ese fue el verdadero motivo por el que procedieron a engañar a las personas cándidas, obligándolas desde el principio, mediante el uso de la fuerza física y del miedo, a aceptar todas sus imposiciones que terminaron siendo llamadas dogmas de fe, después de haber transcurrido algunos milenios.

Sí revisa los libros serios de Historia Universal, aquellos que no se dejaron influenciar por los artificiales relatos religiosos, se podrá dar cuenta de lo que le estoy diciendo. Aparte de eso, conocerá de cerca infinidad de divinidades creadas que fueron veneradas hasta por los hombres más connotados de la antigüedad, y cómo los sacerdotes que aseveraron ser "monoteístas", procedieron a asimilar muchas de las cualidades de las deidades "paganas" de otros pueblos, para colocárselas a ese dios verdadero.

La forma como los hacedores de dioses crearon a esos individuos a los que dijeron representar en la Tierra, colocándoles sus propias virtudes y defectos, fue lo que originó este tremendo lío, desde los tiempos cuando la humanidad se encontraba viviendo en la Edad de Piedra. Todos los inventos de esos personajes mezquinos, a quienes sólo les interesaba su beneficio personal, llevaron a la humanidad a enfrentarse consigo misma.

Ese Grandioso Ser jamás pudo haber sido capaz de haber autorizado a alguno de sus dizques representantes a desatar acciones abyectas como guerras en su nombre, crímenes como la inquisición, genocidios, y todas las demás perversiones adonde los diferentes sacerdotes han estado empujando a nuestros congéneres, desde el Neolítico. Menos aún, haberle exigido a nuestros ancestros sacrificar animales o personas, para sentirse satisfecho, porque esos individuos poseían una minúscula parte de Él; de ser así, se estaba ofrendando a sí mismo.

Pero me parece una aberración aceptar que el verdadero y único dios eligiera solamente a un determinado grupo de personas, como se afirma en Deuteronomio, capítulo 10, versículo XV: "Solamente de tus padres se agradó Jehová para amarlos, y escogió su descendencia después de ellos, a vosotros, de entre todos los pueblos, como en este día".

Si admitimos la fábula acerca del nacimiento del Cristo como algo real, aceptamos que el hacedor de los hombres fue capaz de inducir a una de sus criaturas a cometer adulterio, cuando seleccionó dentro de los descendientes de esa misma gente a una de sus mujeres vírgenes para que le pariera a su unigénito, sin respetar que ella estaba casada o desposada; como lo afirma Mateo en su libro, en el capítulo 1, versículo XVII. Valdría la pena preguntarse si en ese suelo no existía alguna mujer soltera, a la que pudo haber convertido en la madre de su hijo.

Realmente cree que si ese ente llamado Jehová, fuese el Creador Universal, le pudiese fallar a una de sus propias disposiciones, al momento de escoger a esa dama casada para convertirla en adúltera, si él mismo había prohibido ese tipo de actos, como lo podrá leer en el libro de Éxodo, capítulo 20, versículo XIV: "No cometerás adulterio".

¿Le parece que habiendo actuado de esa manera tan desleal con el esposo de esa dama nacida en el suelo ocupado por los hebreos, se le debe considerar un dios honesto?

Esta deidad que supuestamente le dictó normas de comportamiento a sus criaturas, demostró lo que verdaderamente era en esa oportunidad, al cometer un acto de amancebamiento con la esposa de ese carpintero, aunque fuese una sola vez. También dio varias pruebas de no ser misericordioso con sus criaturas, demostrando con todos esos hechos que tampoco es el dios verdadero, como terminaron imponiéndoselo al cándido pueblo hebreo durante el siglo V a.J.

Lo primero lo demostró con esa mujer llamada María, y lo segundo se aprecia con facilidad, desde un principio, al maldecir a una de sus criaturas; sucediendo esto inicialmente con la inocente Eva, al dejarse convencer por la astuta serpiente, quien la llevó a efectuar un acto de desobediencia contra él, en el huerto del Edén, cometiendo así el pecado original. Esto lo podrá leer en Génesis, capítulo 3, del versículo I al XVI; luego procedió a eliminar a toda la humanidad con excepción de Noé y los suyos, como se describe en el capítulo 7 de este mismo libro.

¿Qué calificativo le daría usted a un individuo de la especie humana que sea capaz de actuar de una manera semejante a como se comportó el padre del Jesucristo, teniendo presente en todo momento, que él confeccionó a las personas a su imagen, como se aprecia en el capítulo 1, versículo XXVII, del Génesis de la Biblia?

Cuando los directivos de esas organizaciones dogmáticas dan a conocer a la divinidad representada por ellos como el dios verdadero, para atraer la mayor cantidad de clientes posibles a su negocio, tácitamente están manifestando que la competencia, sus colegas de las demás religiones, le ofrecen dioses falsos a la concurrencia, excepto ellos.

¿Estarán diciéndole estos individuos la verdad al resto de las personas?

¿Cuál de estos clérigos tendrá la razón?

En lugar de preguntarnos cuántos de esos señores podrán estar equivocados, y quiénes nos dicen la verdad, deberíamos reflexionar un poco para percatarnos que a todos ellos, sólo les interesa lanzar sus redes dentro de ese oscurantismo donde mantienen sumergida la humanidad, con el propósito de pescar a las personas más ingenuas, y aprovecharse económicamente de ellas, porque dentro de estas organizaciones dogmáticas, donde se encuentran los supuestos representantes de esos dioses verdaderos, nada es gratuito.

¿Cuánto le cobra el Creador universal a sus criaturas por encontrarse viviendo dentro de cualquier región del plano físico, una de sus tres monumentales edificaciones?

Dios; El Gran Generador de Vida; El Gran Atractor, uno de los nombres más recientes que he escuchado en los últimos años; el Arquitecto del Universo; el Máximo Espíritu; la Mente

Suprema; el Padre Universal; el Creador Universal, son algunos de los distintos calificativos que le han venido dando los hombres, al único ser capaz de generar o permitir la aparición de los seres portadores de vida, pero el más común es el primero.

Todos estos adjetivos masculinos colocados por los clérigos a sus entes ficticios, eran consecuencia de esas falsas creencias que venían arrastrando de sus antepasados más lejanos, las cuales se sustentaron en el machismo imperante en la antigüedad, que estaba estrechamente relacionado a la impulsividad y la fuerza física de los individuos. Eso que nos siguen haciendo creer los sacerdotes de estos tiempos, simplemente es una costumbre implantada por sus predecesores, o cree en verdad que un ser de esa magnitud pueda tener sexo alguno.

Se ha preguntado alguna vez, cuál sexo iban a tener esos dizques dioses verdaderos entre los habitantes de esos mismos pueblos, si en lugar de alzarse con el poder los hombres, por haberse valido únicamente de su fuerza física, hubiesen sido "las débiles" mujeres quienes hubiesen tomado el control de la sociedad planetaria, desde un principio. Dedíquele un poquito de su valioso tiempo a reflexionar sobre este asunto.

Si está tratando de encontrar la verdad oculta en esa maraña de engaños impuestos inicialmente con una de las armas más convincentes, el miedo, y luego sobre montañas de cadáveres, investigue, compare y analice todos los planteamientos doctrinarios que pueda, de esos personajes que se han estado mostrando en las comunidades, como representantes de los dioses en la Tierra, desde la edad de piedra hasta nuestros días.

De lo contrario, estos farsantes lo continuarán confundiendo para mantenerlo encerrado dentro de estos oscuros y engañosos rediles, llamados religiones, construidos por hombres mezquinos que se colocaron al frente de esas organizaciones dogmáticas para satisfacer sus necesidades y caprichos, parasitando a sus seguidores, a quienes continúan tratando como si fuesen verdaderos semovientes.

¿Será este el motivo por el que algunos de estos charlatanes se hacen llamar "Pastores"?

Pese a todas las especulaciones hechas sobre El Gran Generador de Vida, no hemos tomado consciencia de su grandeza, ni por qué ha tenido ese proceder inentendible para un altísimo porcentaje de la sociedad planetaria, que lo califica de omnipresente y omnisciente, siendo lo primero valedero, donde hay seres vivos, y lo segundo totalmente falso. Cuando conozca cómo se logró originar su obra, entenderá que todo lo existente, es el resultado de su actuación directa o indirecta, y nada más.

Porque no lo sabe todo es el motivo de la presencia de los entes portadores de vida, dentro de este hermoso planeta azul, y en las otras zonas de los planos existenciales que conforman el universo, pues, todas esas partes infinitesimales suyas actúan como sus únicos "Representantes", que vienen a buscar información de lo acontecido. A ninguna de ellas les exige algún tipo de comportamiento, porque les concedió libertad para actuar; sólo están regidas por las mismas leyes fundamentales que estableció para su obra.

Las patrañas sacerdotales de los tiempos posteriores han continuado, con el propósito de impedirle a la sociedad planetaria enterarse de los motivos que provocaron el surgimiento de todos los seres portadores de vida. Ellos siguen procediendo de esa manera mezquina, porque si todas las personas llegaran a enterarse de esa realidad, sus engaños quedarían al descubierto, trayendo como resultado, el desmoronamiento de sus lucrativos negocios, las religiones.

Es totalmente falso que la humanidad apareciera para rendirle culto y adorarlo, porque Él no es narcisista, pero en esa posición sí colocaron sus representantes, a ese ente que presuntamente formó al hombre con polvo de la Tierra, y le sopló el aliento de vida. A diferencia de lo manifestado en el relato original, donde se planteó, que el desesperado Enki confeccionó a los humanos, con un único propósito, ponerle fin a una sangrienta guerra que estaban escenificando las diversas divinidades, que habitaban los cielos sumerios.

Por negarnos a investigar esos absurdos planteamiento sobre la creación del hombre, con los que se han burlado de la humanidad durante todos estos milenios, no nos hemos enterado que las religiones actuales nos han estado engañando con fabulosas mentiras de la Edad de Piedra. Aceptando como verídica la farsa de ese famoso muñeco formado de polvo o barro, nos damos cuenta que esa figura era materia inerte y nada más, antes de recibir el soplo en su nariz, de donde podemos concluir, que esa sustancia salida de la divinidad es la verdadera vida.

Quienes son partidarios de todos estos planteamientos sobre la fabricación de los humanos para adorar a su creador, admiten claramente que su divinidad sufre de una desviación psicológica, al asumir una conducta narcisista, adorándose a sí misma por intermedio de las personas. Analice esto con bastante calma para que pueda darse cuenta de este detalle del dios de los judíos.

¿Cree que el Creador del Universo pueda ser una entidadególatra?

El dios ególatra

Amigo lector, esa deidad mágica que supuestamente hizo aparecer la materia física de la nada, en el momento cuando creó los cielos y la tierra, como se reseña en el capítulo 1, versículo I del Génesis, que fue implantada por los jerarcas del judaísmo, a los habitantes de las tribus hebreas, también fue adoptada por los organizadores del cristianismo original, y los distintos grupos segregados de esta última religión, para mostrarla como el progenitor de su principal deidad.

Esta creación clerical que no tiene culpa alguna de haber sido confeccionada por aquellos astutos hombres de la antigüedad, para aprovecharse económicamente de ella, nada tiene que ver con ese maravilloso Ente Energético dotado de inteligencia, quien empleó su extraordinaria facultad mental para concentrar o condensar la energía desde un primer momento, provocando con sus acciones, la aparición o surgimiento de los fotones, y todos los elementos fundamentales de cada uno de los planos existenciales del universo.

La metamorfoseada entidad idolatrada por dos tercios de quienes despojaron a los cananeos de sus tierras, es una confección sacerdotal relativamente nueva, si la comparamos con las deidades veneradas por los habitantes de los pueblos más antiguos. Aunque de acuerdo a lo expresado en los libros religiosos de estos señores, este ente ficticio surgido en las mentes de los descendientes de aquellas personas que estuvieron influenciadas por la doctrina monoteísta implantada por el faraón Akenatón, tiene mucho más tiempo de existencia.

Semejante afirmación es una irrealidad, porque su divinidad viene a representar una colcha de retazos que se comenzó a confeccionar durante los últimos años de la segunda mitad del siglo XIII a.J; sustentándose inicialmente, en lo poco que llegaron a comprender en el país de las pirámides y las esfinges, de aquella antiquísima divinidad, Atum, que fue sacada a la luz pública por el hijo de Amenofis III. Este hombre la presentó durante la primera mitad del siglo XIV, unos años después de convertirse en el rey de Egipto, con el nombre de Atón o Atén.

Como la jugada efectuada por el quinto de los jueces hebreos, ¿Gedeón?, que fue continuada por sus sucesores, no les pareció suficiente a quienes ocuparon la representación de la doctrina monoteísta en esa parte de Palestina, en los tiempos posteriores le continuaron añadiendo nuevos ingredientes a ese dios sin imagen, a medida que iban conociendo a las deidades de otros pueblos, hasta llegarlo a transformar en esa entidad conocida por nosotros en la actualidad, que presuntamente embarazó a la esposa de un carpintero hebreo.

Esos cambios se hicieron más evidentes, desde que algunos jefes clericales, sus compinches, y el resto de sus grupos familiares fueron llevados a diversos espacios en la Media Luna Fértil, durante el siglo VIII a.J, donde conocieron a las principales deidades sumerias, asirias y babilonias. Aquí fue donde igualmente adoptaron varias de sus creencias religiosas;

repitiendo más tarde esas mismas acciones, con los dogmas de los persas y de los helénicos.

De esas transformaciones se podrá dar cuenta, cuando haga un recorrido histórico, por aquellas situaciones donde se vieron envueltos los habitantes de ese mosaico de tribus semitas, que terminó convirtiéndose en la nación hebrea.

Si usted ha tenido la oportunidad de leer algunos de los libros de la Torá o el Pentateuco, donde dan a conocer entre otras cosas, la manera como ese dios de los judeocristianos confeccionó a los humanos para que lo veneraran e hicieran su voluntad. Le recomiendo compararlos inicialmente con el Génesis sumerio, donde se describe la creación humana por parte del dios Ea; al finalizar, pregúntese si será casual que el hombre elaborado con barro por el hijo de An, se llamara Adapa, y al confeccionado con polvo de la Tierra por el dios Jehová, le dijeran Adán.

A quien haya respondido afirmativamente, le sugiero dedicarle un poquito más de su valioso tiempo a investigar por qué los dioses Enlil y Anú desataron el diluvio, donde el protagonista central fue un personaje conocido por el nombre de Ziusudra o Utnapishtim; el gobernante de la ciudad de Suripak, que estaba ubicada en las cercanías de la desembocadura del río Éufrates. Compare todo esto con los motivos que llevaron a Yahvé a generar esas situaciones que debió enfrentar Noé, el décimo de los patriarcas antediluvianos, para que se encuentre con más casualidades.

Leyendo algunas de las versiones completas del poema de Gilgamesh, el rey de una de las ciudades más antiguas de Mesopotamia, Uruk, y el primer homosexual reconocido en la historia, quien terminó enamorándose del gigante Enkidu, podrá darse cuenta como este individuo se involucra con una astuta serpiente, que lo engañó cuando logró alcanzar el fruto que concedía la vida eterna a quien lo consumiera, porque deseaba devolverle la vida a su fallecido amante.

¿No le parece demasiado casual, que tanto en la religión sumeria como en la judía, la actuación de una serpiente le haya impedido a la humanidad alcanzar la vida eterna, aunque aparentemente fuese por diferentes razones?

Los representantes de esa religión monoteísta volvieron a hacer de las suyas, cambiándole en esta otra oportunidad, algunos detalles al relato original, para que los ingenuos seguidores de sus creencias no se percataran de su plagio. Si reflexiona sobre lo afirmado en el versículo XVII, capítulo 2, del génesis bíblico, podrá darse cuenta de esto.

Debo aclararle que el poema original donde se describieron las peripecias de ese personaje, cuando logró ascender a los cielos para ir en busca del fruto de ese codiciado árbol, misteriosamente desapareció como muchas otras cosas que han podido dejar muy mal parados los credos del judeocristianismo. A las nuevas generaciones les han dado a conocer tres versiones bastante peculiares de esto; en todas cambiaron el escenario donde se presentaron esos hechos, no dicen que se suscitaron en el cielo donde se residenciaba Anú, sino en el fondo marino.

¿Estaba enterado que los sacerdotes sumerios y los hebreos mencionaron de manera diferente a un árbol que estaba relacionado con la vida, al igual que lo hicieron sus colegas nórdicos?

Cuando tenga la oportunidad de examinar los relatos religiosos dados a conocer por estos últimos personajes, advertirá cómo y por qué fueron confeccionados los progenitores de la humanidad, con la madera de un fresno y la de un olmo, a los que identificaron con los nombres de Ask y Embla respectivamente. Su hacedor fue el dios Odín, que le proporcionó el don de vida y sus almas, mientras que sus ayudantes les efectuaron algunos aportes, Hœnir les dio la inteligencia y los sentidos, mientras que Loki les proporcionó la sangre.

Dentro de las fabulosas leyendas de estas personas y en las de muchos otros pueblos, también se menciona el intento de sus deidades voluntariosas por destruir a la humanidad de un modo u otro. En este caso sería como consecuencia de la batalla del fin del mundo, el Ragnarök, pero aquí también encontraremos algunos sobrevivientes como lo fueron Utnapishtim y Noé; los protagonistas en esta oportunidad se ocultarán en el Bosque de Hodmímir, el lugar donde se encuentra el Yggdrasil, considerado por sus habitantes como El Fresno del Universo, o El Árbol de la Vida.

¿Por qué no investiga un poco para ver quiénes son unos personajes llamados Líf y Lífthrasir?

No se deje engañar por lo que han mostrado esos astutos imponedores de dogmas, que ordenaron la destrucción o el ocultamiento de los relatos religiosos anteriores a los de ellos, pues, si indagamos un poco en la historia de las tribus hebreas podemos darnos cuenta que la mayoría de sus leyendas son plagios de otras religiones. Algunas de ellas fueron utilizadas en un primer momento por los taimados representantes clericales de esa doctrina monoteísta, con fines políticos, con el propósito de unificar a las tribus durante la segunda mitad del siglo VI a.J.

Tomaron esa decisión, porque sus espías les dieron a conocer los acontecimientos que se estaban presentando en los territorios ocupados por los medos y los persas, en la época cuando los integrantes de la cúpula clerical judía que no pudieron ser capturados por los adoradores del dios Marduk; quien era venerado en esos días como el hijo del bondadoso dios Ea, se encontraban huyendo de estos habitantes de la Media Luna Fértil.

Los babilonios se habían dedicado a avasallar a esta gente que le arrebató sus tierras a los cananeos, poco tiempo después del rey Nabopolasar haberse aliado con los medos para destruir al poderoso Imperio Asirio; aunque después arremetieron contra sus dirigentes político-religiosos por su fanática y estúpida actitud asumida contra la suprema divinidad de esa gente, ya que en un principio se habían dedicado a exigirles tributo solamente.

Estos señores les realizaron transformaciones profundas a la divinidad que venían adorando desde su salida de Egipto, adicionándole una cantidad de atributos mientras procedieron a inventar algunas de sus fabulosas leyendas donde mostraban a sus antepasados como víctimas. Su intención inicial había sido, crear un símbolo de unión dentro de ese mosaico de tribus, porque sus patriarcas o jefes tribales no lograban ponerse de acuerdo para aglutinarse en un bloque monolítico, y crear una resistencia poderosa, que les permitiera enfrentar a uno de sus dos odiados enemigos.

Procedieron llevar a cabo todas estas patrañas que finalizaron imponiéndoselas después a esa gente desconocedora de los eventos donde se vieron involucrados sus antepasados, como si realmente fuesen parte de su historia. Iniciaron sus jugarretas, cuando unos comisionados suyos entraron en contacto con la gente de Ciro II, el rey de los persas, quien se había planteado la conquista de Babilonia y de Egipto, las potencias del mundo antiguo.

La mayoría de las personas desconoce que para los últimos años del siglo VI a.J, la divinidad venerada por los hebreos, ya era un híbrido resultante de haber mezclado las doctrinas de los adoradores de Atón, con las del pensamiento religioso de los sumerios, y con los de otros pueblos que habitaron las tierras de la Media Luna Fértil. Todos esos lugares a donde los asirios y los babilonios procedieron a mantener exiliados a muchos de sus líderes clericales, en oportunidades distintas, desde el siglo VIII hasta la segunda mitad del VI a.J.

Fue durante todos esos años cuando estos monoteístas conocieron un relato de la religión sumeria, donde hablaron de la creación del hombre, con un extraño barro formado de sangre y polvo de la Tierra, y del diluvio enviado por Enlil y Anú para acabar con la humanidad. También se enteraron, del Poema Épico de Gilgamesh, y de los sucesos acaecidos antes y después del nacimiento de un individuo que se hizo llamar el rey Sargón, el fundador del Imperio Acadio; usando esto último para darle forma al supuesto primer emisario enviado por su deidad, Moisés.

Aparte de lo anterior, igualmente se enteraron de la existencia de un poderoso dios de los ejércitos perteneciente al pueblo asirio, Assur, de un trono ubicado en el tercer cielo, perteneciente al supremo dios de los sumerios, entre muchas otras cosas interesantes que le recomiendo investigar, como los monumentales templos de los dioses de sus captores, que eran conocidos por los nombres de Zigurat. Una de estas obras arquitectónicas, aparece mencionada en sus relatos religiosos con el nombre de, Torre de Babel.

La narración más antigua conocida hasta ahora sobre la creación del hombre, es la de los sumerios, que data del IV milenio a.J, mientras que la de los hebreos apareció tres milenios después. En la narración original se afirma que el bondadoso dios Ea actuó de esa manera, para acabar con una sangrienta guerra que se estaba desatando dentro de las regiones celestiales, entre los diferentes auxiliares de los dioses creados por su anciano y respetado padre, el dios An, la deidad suprema del panteón sumerio.

Durante estas encarnizadas batallas que se escenificaban a diario en las alturas, terminaban falleciendo varios de estos seres que se trataban de esclavizar entre ellos mismos, porque los sometidos serían obligados a efectuar las tareas más pesadas y desagradables dentro de esos espacios, aparte de producir el alimento para todas las demás divinidades, incluyendo a sus jefes tradicionales, mientras que los triunfadores se dedicarían a disfrutar de los placeres de la vida, sin necesidad de efectuar algún tipo de trabajo físico.

Los argumentos usados por los clérigos de Enki para exhibir a su representado como el creador de los humanos, fueron repetidos hasta el cansancio por sus otros colegas de la sociedad sumeria, cuando se dieron cuenta de todos los posibles beneficios que esta fraudulenta invención les podría traer. Poca gente se ha llegado a percatar, que semejante explicación les dio motivos a esos astutos personajes para hacerse llamar "Representantes de las Deidades en la Tierra", porque les permitió justificar el parasitismo donde terminaron cayendo.

Los embaucadores que engañaban a los lugareños en otros pueblos, aceptaron mostrarse bajo esos mismos parámetros, manifestando igualmente que las deidades eran unos entes vivientes, para que los fieles seguidores de sus dogmas se dedicaran a solventarles cada una de sus necesidades, sin tener ellos que realizar esfuerzo físico alguno. Aseveraron a partir de esos tiempos, que su trabajo solamente consistía en estar pendiente de cada uno de los mensajes enviados por los dioses, para trasmitírselos a los habitantes de la Tierra.

El dogma surgido en las mentes de aquellos tramposos personajes del Neolítico, que se hicieron llamar representantes del dios Ea, cuando llegaba a ser del conocimiento de los sacerdotes de otras regiones, inmediatamente lo adoptaban con pequeños cambios, para que los incautos pobladores de esas regiones les satisficieran hasta la más mínima de sus necesidades. Espero haberle aclarado cómo surgió el parasitismo sacerdotal, y por qué todos esos farsantes de la antigüedad llegaron a mostrarse como representantes de los dioses.

A los habitantes de las poblaciones sumerias también les dieron a conocer las características del dios rey y padre del creador del hombre. Esta entelequia era exhibida como un individuo de piel blanca y edad bastante avanzada, poseía una larga, canosa y abundante cabellera que le llegaba por debajo de sus hombros, cayéndole en su pecho una arreglada barba, de la misma tonalidad; estaba casado con una licenciosa deidad, llamada Isthar, a la que no estaba en capacidad de poderle complacer todas sus exigencias sexuales.

Como esta diosa se escapaba durante las oscuras noches para darle rienda suelta a sus apetencias, bajando a la superficie de la Tierra para copular con quienes se encontraba en su camino, y luego los inducía al suicidio o los hacía enloquecer, para que su infidelidad no fuese descubierta. Esta era la razón por la que el anciano dios pasaba gran parte de su tiempo sentado en un hermoso trono, ubicado en el tercer cielo, atalayando desde ese lugar privilegiado, a las distintas divinidades de los otros dos cielos, y a las criaturas que vivían en este planeta.

La posición ocupada por esta decrepita divinidad que era el supremo de los dioses, fue respetada por Enlil y su hijo Enki, las otras dos jerarquías más altas del panteón sumerio, hasta que finalmente fue desplazado de ese sitial por su nieto Marduk. Cuando el hijo de Ea, asumió el control del panteón religioso de los cielos mesopotámicos, su abuelo había sido pasado a retiro, y poco se decía de su ardiente esposa, en los tiempos de estar exiliados los hebreos en estos espacios, razón por la que no conocieron los motivos de la vigilancia de Anú.

Cuando los más altos representantes de Jehová les colocaron a su entelequia, casi todas las cualidades de la suprema deidad sumeria, desconocían las causas por las que este anciano escrutaba sin excepción alguna, a todos los machos de nuestro planeta, y no a las personas de distinto sexo, como ellos llegaron a pensar. Su ignorancia de la realidad los llevó a decir, que estaba sentado en un trono colocado en los cielos, el lugar desde donde podía apreciar todo lo acontecido.

Los exiliados sólo se enteraron de la actitud vigilante mantenida por este ente creador, pero no de las razones que lo llevaron a asumir esa actitud con quienes podían ser sus posibles rivales amorosos. Por eso procedieron a colocarle las cualidades de Omnipresente y Omnisciente, haciéndoles creer a los ingenuos y temerosos seguidores de estas fabulosas creencias, desde los inicios del siglo V a.J, que su divinidad estaba dotada de unas extraordinarias capacidades, que le permitían observar cada uno de los comportamientos de los seres humanos, y conocer todo lo que había acontecido, o por suceder.

El Creador Universal no lo sabe todo, solamente pueden decir esto, quienes no tienen la más mínima idea de quién es este Grandioso Ser, pero si lo comparamos con el resto de las criaturas que se encuentran actuando en cualquiera de los tres planos que conforman su obra, su conocimiento es inconmensurable. Aun así, todavía se encuentra en un aprendizaje constante que pareciera no tener fin, al que muchos librepensadores hemos decidido decirle, "La Evolución de Dios".

Aunque debemos estar claros en una cosa fundamental, todo el conocimiento que va adquiriendo a través de cada uno de sus emisarios o chispas, pasarán a formar parte de su erudición, a medida que se le incorporen y no antes, porque desde el mismo momento de liberarlos comenzarán a actuar con total y absoluta independencia. No tendrá ningún tipo de contacto con ellos para evitar interferirlos mientras llevan a cabo su misión, sólo entrarán en contacto nuevamente, cuando se les presente la oportunidad de retornar, uniéndose para siempre y formar la unidad.

Es totalmente falso que alguna de ellas pueda perderse, como nos han estado diciendo los charlatanes durante milenios, para mantenernos encerrados en su maraña de engaños, porque todos los caminos o veredas por donde transitemos siempre llegaremos a Él, uno más temprano que los otros, dependiendo de lo respetuoso que seamos de las Leyes Fundamentales del universo, pero todos sin excepción, volverán a integrárseles.

La aparición de los seres portadores de vida o seres vivos, desde los individuos más sencillos, los procariotas, hasta los más complejos, los de la especie humana, dentro del plano físico, y no solamente en la Tierra, se debió a la búsqueda de información que todavía sigue teniendo "El Generador de las Chispas", para tratar de comprender lo que aconteció, después de haber efectuado su obra. Condensar la energía bajo tres condiciones diferentes, porque eso permitió la formación de los elementos fundamentales de cada una de las tres regiones del universo.

Como no podía apreciar de manera directa, las consecuencias de su primera actuación, decidió hacerlo indirectamente, extrayéndose esas porciones infinitesimales suyas, enviándolas a investigar lo acontecido. Obtuvo los mejores resultados, cuando éstas se acoplaron dentro de las estructuras formadas con cadenas de proteínas, a las que los científicos les dicen células, porque estando dentro de estas masas en particular, tienen una mayor sensibilidad.

En el momento de ensamblarse a estos bloques de materia inerte, a los que conocemos como cuerpos, les proporcionan actividad, permitiéndoles actuar con total independencia, y al abandonarlos, estos vuelven a quedar inmóviles. Estas porciones minúsculas del Arquitecto del Universo, no es otra cosa que la vida de la que tanto viene hablando la humanidad a lo largo de su existencia, pero que todavía no ha podido definir hasta ahora.

Sé que este planteamiento le sonará muy fuerte a las personas dogmáticas, por las condiciones de fanatismo en las que se encuentran en estos momentos, pero esa es la realidad con la que me he encontrado en estas décadas; efectuando mis investigaciones en el campo de la filosofía esotérica, revisando las distintas regiones hasta donde he logrado tener acceso, dentro de los tres planos existenciales, a través de los viajes mentales.

Reflexione un poco sobre esto. Si el dios de los modernos monoteístas tuviese realmente esa cualidad que les colocaron a su divinidad creadora de los cielos y la Tierra, la de omnisciencia, es decir, posee el conocimiento de todas las cosas reales y posibles, entonces no debería haber nada desconocido para él. Al tener sabiduría absoluta, no presentar defecto alguno por ser perfecto, ni las características de egolatría y de ociosidad, debió haber tenido algún motivo para haber creado a todos los seres vivos, incluso el hombre, dentro de la Tierra.

¿Se había realizado en algún momento de su existencia esta interrogante?

Antes de salir a dar tumbos para encontrarse con esas invenciones humanas que son presentadas dentro de las religiones como si fuesen el Creador Universal, lo invito a descubrir una de sus partes infinitesimales dentro de usted mismo, porque esas maravillosas porciones energéticas que ponen en actividad a los cuerpos físicos de los seres vivos, son los verdaderos emisarios que Él ha enviado al planeta Tierra para poder actuar a través de nuestros organismos.

Todos los individuos que son catalogados como seres vivos, lo han estado representando dentro de esta hermosa esfera azul, y en cualquier otra parte de este plano existencial donde se encuentren presentes. Los únicos lugares donde lo encontraremos con seguridad, son en los cuerpos de ellos, a diferencia de lo que han venido manifestando durante milenios, esos señores que han estado sintiendo alergia por el trabajo físico, quienes se han dedicado a montar sus obras teatrales con un sólo propósito, engañar a las personas ingenuas.

Estas pequeñísimas porciones de energía que se encuentran actuando con total autonomía dentro de las diversas regiones del universo, con la finalidad de obtener conocimientos en sus recorridos por los planos de existencia, para conseguir toda esa cantidad de información, a la que algunos de nuestros congéneres generalmente han estado diciéndole, "La Riqueza Espiritual" poseída por cada una de las personas. Viniendo a traer todo esto como resultado, el estado de conciencia que llegamos a tener en un momento dado.

Esto será lo único con lo que cargará cada emisario, mientras dure ese largo proceso de entradas y salidas en los distintos cuerpos físicos en los que le corresponde actuar, antes de llegar el momento de incorporársele nuevamente a esta Maravillosa Fuente de donde salió para investigar, cuando haya concluido la misión que le encomendaron; entregándole lo que logró conseguir y atesorar, mientras estuvo actuando con autosuficiencia.

Esa es la razón y no otra, por la que todos los seres portadores de esas chispas nos encontramos actuando aquí en el plano físico, y no para idolatrar a ninguna de esas deidadesególatras inventadas en el pasado, por aquellos individuos que se dedicaron a parasitar dentro de las sociedades, desde antes de implantar esas organizaciones dogmáticas y comercializadoras de engaños, que han desatado todo ese oscurantismo existente hasta ahora.

El Gran Atractor

Esas porciones infinitesimales de energía emitidas por el Generador de las chispas, durante ese proceso de idas y venidas al plano físico, al que nos acostumbramos a decirle reencarnación, como resultado del planteamiento efectuado por el Gran Siddhartha Gautama, durante la segunda mitad del siglo VI a.J, se acoplan a estas estructuras formadas con cadenas de proteínas, para conducirlas con toda libertad, porque esos bloques de materia física resultaron ser los más idóneos, para que estas partículas de Dios cumplieran con su misión.

Debido a las propiedades electromagnéticas que poseen estos emisarios, es como ese cúmulo de información que van adquiriendo a través de cada una de sus experiencias, durante sus diferentes actuaciones dentro de cada plano de existencia, después de codificarla y comprimirla, la retiene a su alrededor, almacenándola en forma de capas superpuestas, hasta quedar totalmente envuelta. De la cantidad y calidad de conocimientos obtenidos durante cada una de sus intervenciones, es de lo que dependen los estados de consciencia de los seres vivos.

Al finalizar esa larga jornada de constantes reencarnaciones, que pareciera inagotable para cada uno de estos emisarios del Arquitecto del Universo, porque siempre comienzan su misión acoplándose dentro de unos minúsculos vehículos o cuerpos formados de una sola célula, los más elementales que podamos imaginar, hasta poder conducir los más complejos conocidos por nosotros. A este proceso es a lo que los estudiosos de los seres portadores de vida le han estado diciendo durante todo este tiempo, La Evolución de las Especies.

En sus siguientes actuaciones en este plano, siempre lo harán dentro de estructuras más complejas y de distintas formas, para percibir una variada cantidad de información del entorno donde le corresponde actuar, que en su debido momento deberá entregarle a este Grandioso Ser de donde emergió en un principio.

Ese momento sublime cuando estos corpúsculos energéticos que se encuentran cargados ahora con el producto resultante de todas sus investigaciones en los tres planos, vuelven a fusionarse con su Generador, es lo que vendría a representar, eso que han venido diciendo las personas influenciadas por las corrientes del judeocristianismo, como La Comunión de los Espíritus. Al producirse este anhelado reencuentro con ese Magno Ser, verdaderamente alcanzarán el descanso eterno, pues, ya no tendrán que continuar con sus pesquisas dentro de esta grandiosa obra.

Contrariamente a lo que ha sido planteado dentro de algunas organizaciones que dicen estar dedicadas al estudio del esoterismo, no existe un determinado número de reencarnaciones, sino que este proceso llegará a su fin para cada chispa en particular, únicamente, cuando adquieran el estado de consciencia que les permita entrar en consonancia con las leyes fundamentales rectoras de todo lo existente dentro de los tres planos existenciales, y las cumplan con fidelidad hasta alcanzar ese equilibrio estable, al que le decimos Armonía.

En relación con lo que le acabo de decir, es de donde ha surgido este último nombre que he llegado a escuchar, El Gran Atractor, porque después de haber mandado a esa cantidad de representantes, comisionados o embajadores suyos, a esta edificación a la que conocemos con el nombre de universo, para que busquen información de lo acontecido en cada una de sus regiones, al finalizar la tarea que le fue encomendada, retornarán nuevamente a Él.

Es bueno saber que este acontecimiento se presentará sin tener necesidad de pertenecer a cualquiera de esas organizaciones dogmáticas a las que les decimos religiones, y menos aún que sus sacerdotes realicen algunos de sus engañosos y circenses rituales para embaucar a los incautos, sino que esto se dará en todas las chispas, sin intervención clerical, ni de entelequia celestial alguna; pero ningún emisario será atraído de ipso facto, como usted pudiese estar pensando.

Al concluir el ciclo de reencarnaciones todavía no está listo para unirse con el Creador; primero deberá someterse a un proceso donde procederá a purificar su maravillosa e inviolable caja de caudales, donde fue atesorando toda esa cantidad de conocimientos alcanzados a través de cada uno de los cuerpos que logró conducir. Este cofre o envoltura magnética en la que se encuentra encapsulada la chispa cuando se encuentra dentro de los organismos con forma humana, se le conoce como el Cuerpo Mental.

Mientras esas porciones infinitesimales de energía se le han ido incorporando junto con su cuerpo mental, es como este Grandioso Ente se ha convertido en la Máxima Mente o la Mente Suprema, que continuará creciendo en aprendizaje y sabiduría, con todo lo que le vayan entregando sus chispas al unírsele, para formar un solo ser. Negándose los sacerdotes a aceptar esta realidad públicamente, para que no se vean afectados los intereses económicos de ese gran negocio montado por sus antepasados desde épocas remotas.

Se imagina qué consecuencias les traería, si la humanidad llegase a enterarse de este otro fraude con la que la han estado engañando todos estos siglos, y los creyentes en sus falsos dogmas se convenzan que Dios todavía continúa con sus investigaciones, valiéndose de todas esas porciones infinitesimales suyas que se encuentran conduciendo los organismos vivos, para que realicen sus actividades en función del cuerpo donde se encuentren, para poder obtener cada vez más y más conocimiento de lo acontecido dentro de su obra.

Sin ánimo de caer en la discusión sobre el concepto y la etimología de la palabra religión, donde han estado participando hombres de la talla del filósofo e historiador Marco Tulio Cicerón; quien planteaba que ésta se trataba de un conjunto de rituales donde se le rendía veneración a las divinidades, y cada una de sus reglas debía cumplirse rigurosamente. Para muchos respetados señores, este sustantivo se deriva del verbo latino, "Relegere", aunque para otros de "Religare", que significaría, ligar o atar fuertemente a las personas con el dios mostrado por cada una de estas instituciones dedicadas al engaño.

De aceptar eso último como valedero, sería prudente preguntarnos. Cómo y para qué esas organizaciones comerciales sustentadas en falsos dogmas, y regentadas por esos individuos desconocedores del Creador Universal, nos volverán a ligar nuevamente con ese Magno Ser que no creó o confeccionó a ningún ser humano, como ellos han estado manifestando durante milenios, llámense Adapa y su mujer, Adán y Eva, Ask y Embla, Balam-Quitzé, Balam-Acab, Mahucutah e Iqui-Balam, etc.

Señores, basta de engaños, satisfagan sus necesidades de forma honesta en lugar de seguir parasitando, déjense de propagar más oscurantismo para evitar que sus seguidores, a los que vienen usando como sus huéspedes, adquieran un mejor estado de consciencia que les permita encontrarse con mayor facilidad con el Creador Universal, dedíquense a otra cosa.

No es verdad que Dios sea un ser omnisciente, aunque comparándolo con cualquiera de los conductores de esas criaturas existentes dentro de esta edificación constituida por la compactación de la energía, bajo tres condiciones distintas, tiene un conocimiento que en todo momento será "n" veces superior al de cualquiera de ellas, de esto no tengo la menor duda. Sin embargo, en su debido momento cada una estará en capacidad de entregarle algo que todavía le resulte desconocido.

Tenga presente que estos emisarios o representantes suyos sólo se le integrarán, después de purificar su cuerpo mental, y no antes. Mientras esta situación se ha estado presentando entre los que han logrado alcanzar esa envidiable meta, los estudiantes de esoterismo los hemos estado identificando con el nombre de Maestros; siendo Jesús, el Gran Esenio, ese hijo biológico de José y María, uno de los que se encuentra en estas condiciones, por no haber alcanzado todavía la pureza suficiente para entregarle todo lo que aprendió.

Recuerde que El Padre de la Vida, pese a no ser perfecto, no posee los mismos defectos humanos, pero todas las entelequias veneradas dentro de las religiones sí los tienen. Por eso nunca violará sus leyes, ni le estará haciendo imposiciones a sus partículas que se encuentran actuando con total independencia, para que se comporten de una forma en particular, como han venido diciendo todos estos siglos, esos señores que recurrieron a la charlatanería, inventando todo tipo de patrañas para hacernos dependientes de sus falsedades, por tenerle alergia al trabajo.

Él no castigará a quienes no hagan su voluntad, porque a nada están obligados sus verdaderos y únicos representantes, esas porciones infinitesimales suyas que se acoplan a las estructuras inertes de material proteico para activarlas, empleándolas como sus vehículos en esta parte del universo que se estructuró con los elementos fundamentales de la materia física, los quarks y los leptones.

¿Dónde queda entonces la aplicación de la Ley de Libre Albedrío, o es que a los conductores de los cuerpos humanos fueron a los únicos a quienes se les suspendió ese derecho?

Si esos desconocedores del Padre de la Vida que desde el pasado remoto se han creído superiores a las demás personas, realmente hubiesen tenido un gesto de humildad para darse cuenta de cómo ha sido el comportamiento de los llamados seres irracionales, desde hace bastante tiempo que tendrían una idea bastante clara del funcionamiento de esta Ley. Hágalo usted amigo lector, para que se dé cuenta si alguien les dicta algunas pautas de conducta a las chispas conductoras de estos individuos, con la misma cantidad y calidad de vida que nosotros.

La obra del Arquitecto del Universo es lógica y armoniosa, pero no podemos decir lo mismo de la efectuada presuntamente por los dioses, que los sacerdotes de las distintas instituciones dogmáticas les han dado a conocer a la sociedad planetaria, desde el Neolítico hasta ahora, porque sus patrañas les han permitido continuar parasitando en las sociedades; diciendo que cada uno de sus absurdos y discordantes dogmas son un misterio.

Un ejemplo de esta incoherencia lo apreciamos en la fábula sobre la creación de los cielos y la Tierra, que la sociedad planetaria terminó confundiendo todo esto con el universo. Lo que me lleva a preguntarles lo siguiente; ¿Por qué las entelequias representadas por los sacerdotes, les conceden libertad de acción a las distintas criaturas que se encuentran diseminadas a lo largo y ancho del planeta Tierra, pero no a las personas?

¿Será que en esta pequeña y hermosa esfera azul, es el único sitio donde los humanos no se encuentran buscando información, sino haciendo la voluntad de esas deidades omniscientes, omnipresentes yególatras, mostradas en esas organizaciones comerciales dedicadas al engaño, y los demás seres vivos son para que las personas predominen sobre ellas?

Si aceptamos que el cosmos es la obra de las entelequias idolatradas dentro de las religiones, le parece propio que alguien medianamente inteligente pudo haber desperdiciado su tiempo y energía, confeccionando sistemas planetarios, estrellas, cometas y toda esa cantidad de galaxias que aún nos falta por conocer, para solamente darle utilidad a un planeta tan pequeño como el nuestro. Emito esta opinión, por lo planteado dentro de las organizaciones dogmáticas que hemos conocido hasta ahora, como la sumeria, la egipcia y la judeocristiana, por sólo citar tres de ellas.

Es totalmente falso que Dios se comporte como un sargento del ejército o uno de los capataces egipcios que dizque maltrataron a los hebreos cuando estos individuos presuntamente participaron en la construcción de las pirámides. No es verdad que esté atento a cada acción o comportamiento de sus emisarios, para luego proceder a castigarlos por sus malas obras y premiarlos por las buenas, porque no es bueno ni malo, sino un Ente totalmente armonioso.

¿Tiene usted una idea clara del significado de lo que es la armonía?

Analice con un poco de calma todo lo que se ha dicho hasta ahora acerca del bien y del mal, y los entes pertenecientes a esa invención de los hombres de la Edad de Piedra, que sencillamente se sustentaron en los acontecimientos suscitados a su alrededor, porque éstos les resultaban agradables o desagradables. Reflexione sobre las futilidades que se han estado diciendo sobre esa dualidad, para que pueda apreciar si verdaderamente es armoniosa o no.

Las repercusiones generadas por los entes del bien y del mal sólo pueden percibirse mientras nos encontremos actuando dentro de cualquiera de los dos últimos planos existenciales en formarse, el astral y el físico, pero no en el tercero, el constituido con los elementos generados de la primera condensación de la energía. Por eso es que la purificación o limpieza del cuerpo mental de cada emisario se producen en esta región del universo, antes de poder fundirse en un solo cuerpo con el Gran Atractor de las chispas.

Mucha gente no se ha percatado todavía que estas invenciones humanas con las que chantajearon a nuestros antepasados, han perdurado hasta nuestros días, porque en función de ellas fue como se estableció este desorden ordenado por el que los representantes de la especie humana se han estado rigiendo durante todos estos milenios; debiéndose esta situación, a la serie de patrañas que siguieron implementando los sacerdotes de las generaciones posteriores para continuar beneficiándose del esfuerzo efectuado por las personas trabajadoras.

Esos señores se empecinaron en ocultarle a la humanidad que todo comenzó con el agrado y el desagrado que sintieron nuestros antepasados más remotos de la especie sapiens-sapiens, con las situaciones que les resultaban incomprensibles en aquella época, cuando todavía no habían aprendido a tener el control del fuego, porque muchos de estos eventos cien por cien naturales, les causaban un alto grado de efervescencia o excitación, cuando acontecían a su alrededor.

Esta confusión que ha sido continuada por conveniencia, se derrumbará cuando los hombres seguidores de esos dogmas religiosos se dediquen a reflexionar sobre esas doctrinas, y se percaten que los planteamientos de los dirigentes de estos grupos comerciales, que ahora se encuentran disfrazados con la palabra espiritual, no tienen el más mínimo sentido ni lógica; por eso trajo como consecuencia, la pérdida de los valores más elementales en los seres humanos. A eso se debe que muchas personas se sumergieran en las profundidades de la corrupción.

Los clérigos han mantenido esta situación para sobrevivir, desde tiempos inmemoriales hasta nuestros días, en las distintas sociedades donde actuaron con la mayor irresponsabilidad, llevando a los hombres a enfrentarse con sus hermanos a través de engaños, porque sí supieron imponerles sus voluntades y caprichos al resto de las personas que formaban parte de sus comunidades, diciéndoles que eran los mandatos de sus representados, los dioses.

Aplicando todo tipo de artificios que se les ocurrieron fue como lograron pisotear, amedrentar, y en último caso asesinar con descaro, a todas las personas que no pudiesen convencer, cuando estaban en desacuerdo con sus criterios. Estas bribonadas cometidas con impunidad, y mostradas como los castigos enviados por sus representados, las emplearon para manifestarles a nuestros congéneres que la desobediencia era el pecado original.

El Arquitecto del universo

Un grupo de nuestros congéneres le ha dado este calificativo, por aceptar como valederos los relatos fabulosos de épocas pasadas, donde los embaucadores anunciaron la confección de los cielos, la Tierra y todo lo que se encontraba en ellos. Estas personas parecieran creer, que se comportó como uno de esos profesionales encargados de proyectar, diseñar y construir edificaciones, que incluso modifican el paisaje donde están sus obras; pese a su confusión, no tengo objeción alguna en que se refieran a Él de esa forma.

Quienes lo identificaron así, por sustentarse en ese arcaico dogma, no se llegaron a percatar que la aparición del universo como tal, no fue planeada por este Magno Ser, sino que ella es el producto de una serie de transformaciones experimentadas dentro de cada una de las tres unidades resultantes de la manipulación de la energía primigenia. Dicho en otras palabras, esta extraordinaria residencia donde vienen actuando sus chispas, que está conformada por esas gigantescas regiones o planos de existencia, surgió por evolución.

Aunque debemos tener claro que cada uno de estos ambientes terminaron formándose después de haber transcurrido bastante tiempo de su intervención, cuando procedió a condensar la energía a diferentes niveles, que permitieron la formación de sus componentes elementales, pero nada más. Dejó que los primeros corpúsculos surgidos de su manipulación, procedieran a combinarse bajo esos parámetros que había establecido previamente, llamados por nosotros en la actualidad, Las Leyes Fundamentales del Universo.

Mientras se aglomeraban pequeñas cantidades de cada una de estas partículas que resultaron de la concentración de la energía existente en un principio, para generar otras mucho más complejas, que tenían un mayor tamaño, y propiedades totalmente distintas a los componentes iniciales, fue como terminaron formándose cada uno de esos tres compartimientos o secciones del universo, que son completamente diferentes entre sí.

Para conocer lo sucedido dentro de estos sectores, se ha estado extrayendo a todas esas partículas inteligentes para recabar información de lo que sucede en su obra, al estar imposibilitado de poderse introducir completamente en ella, por el tamaño que presenta. Empleando este procedimiento, fue como advirtió que no permanecía invariable, a medida que sus emisarios retornaban a Él para entregarle toda la información adquirida.

Contrariamente a lo manifestado por esos individuos que se han estado dedicando a parasitar en las comunidades, valiéndose de su charlatanería, desde la Edad de Piedra hasta nuestros días, no tenía la más mínima idea de cómo era el escenario formado dentro de esas estructuras que terminaron apareciendo con su intervención, antes de enviar a sus primeros representantes para que llevaran a cabo las pesquisas iniciales.

Teniendo en cuenta que los organismos donde se acoplaron sus emisarios, tampoco fueron ideados en un primer momento, sino el producto de muchos ensayos exitosos y erróneos, que realizó con las diversas agrupaciones de materia inerte formadas en el plano físico. Alcanzando finalmente la meta que se había propuesto, poco después de haberse estructurado las cadenas de proteínas, que son la base fundamental de las células.

Pese a que el tiempo es otro convencionalismo de los humanos, que variará en cada planeta y el resto del cosmos, es empleado por nosotros para referirnos con mayor claridad a los eventos ocurridos, el pasado, o a los otros que están aconteciendo en ese instante, el presente. Lo hemos sustentado en la rotación de la Tierra sobre su eje imaginario, y su trayectoria elíptica alrededor del Sol; permitiéndole a las personas hablar de sus distintas escalas de medición como: las horas, los días, los años, los siglos y los milenios.

En función de lo anterior le diré lo siguiente. Debieron transcurrir miles de millones de años, para que en la Tierra en particular, se pudiesen presentar las condiciones mínimas para que esas partes infinitesimales del Creador pudiesen ensamblarse a las estructuras de material proteico, utilizándolas como sus vehículos. Estos mismos procesos, o unos muy similares, se presentaron en diferentes zonas del plano físico, porque la agrupación de las proteínas fue el punto de partida que permitió el surgimiento de los seres vivos.

Sus emisarios más primitivos en los distintos rincones de este plano, donde han estado presentes los seres portadores de vida, debieron acoplarse a organismos constituidos con una sola célula. Estos individuos presentaron unas cualidades muy semejantes a los que en la actualidad se le ha venido dando el nombre de, "Extremófilos", por las extraordinarias condiciones ambientales que se vieron en la obligación de enfrentar.

Con su incansable trabajo, procedieron a realizarles cambios iniciales al entorno donde actuaron, generándoles unas mejores condiciones para poderse desenvolver dentro de los nuevos escenarios, pero conduciendo cuerpos constituidos con una mayor cantidad de células, hasta que todas esas intervenciones ayudaron a la generación de esos ambientes paradisíacos conocidos por nosotros, a través de las diferentes explicaciones dadas a conocer por los científicos.

La apariencia de éste y de los demás planetas donde los seres vivos están presentes, ha seguido y seguirá cambiando, como resultado de las actuaciones directas de las partículas de este Maravilloso Ente, y de sus distintos efectos colaterales.

Teniendo en cuenta que las serranías o elevaciones del terreno, las llanuras y las depresiones o valles, se formaron como consecuencia de una serie de desplazamientos producidos en las placas tectónicas; aunque los mares, los lagos y los ríos por las acumulaciones y desplazamiento de las aguas por esos espacios. Sin embargo, la decoración exterior e interior de todo esto se debe indirectamente a Él, porque las envolturas más externas de sus emisarios, forman eso conocido por nosotros con los nombres de, Flora y Fauna.

Se puede dar cuenta ahora, por qué ninguno de nosotros deberíamos tener objeción alguna en decirle, El Arquitecto del Universo, a pesar de no haber actuado directamente en su construcción, sino en sus componentes fundamentales y en la aparición de los organismos vivos más elementales.

En seguida de haberse formado los constituyentes básicos de la materia física, comenzaron a combinarse entre ellos mismos para formar corpúsculos de materia cada vez más grandes, liberando y consumiendo su propia energía durante estos inagotables procesos, posibilitando la formación de algunos átomos, que más tarde se mezclaron entre sí para dar origen a otros cuerpos de mayor tamaño, las moléculas.

Lo constituido hasta ese momento entró en combustión, formando nuevos elementos y desatándose una serie de explosiones que le permitieron a esta monumental masa incandescente, fraccionarse en secciones cada vez más pequeñas, que se fueron alejando unas de otras. Desde que comenzaron a desatarse estos eventos que condujeron a la formación de todos los componentes del cosmos, jamás se han llegado a interrumpir.

Como resultado de esa serie de transformaciones que se han seguido manifestando con más claridad en el espacio exterior, es la razón por la que los astrónomos y los demás científicos dedicados a la investigación de todas esas estructuras localizadas en él, han estado descubriendo con sus sofisticados instrumentos, un mayor número de galaxias, desde que la astronomía diera sus primeros pasos, en los pueblos de la Media Luna Fértil. Por eso estos respetados señores han estado hablando en los últimos tiempos, de la constante expansión o ensanchamiento del universo, aunque lo más apropiado sería referirse al plano físico.

¿Se ha preguntado cómo o por qué surgió la palabra universo?

Su origen se debe a las invenciones de esos individuos, que brotaron como la mala yerba para engañar y amedrentar a la humanidad con sus embrollos, porque uno de ellos generó mucha confusión, cuando procedieron a dar sus absurdos e infantiles razonamientos sobre la aparición de este planeta, de los cielos y de todo lo existente en esos sitios. Como esos embaucadores no podían explicar con un mínimo de sensatez, semejante patraña que estaban implantándole a nuestros antepasados, en aquellos tiempos, solamente propusieron que aparecieron de la nada.

Esta situación presuntamente se presentó, al momento que la deidad representada por ellos, lo ordenó a través de un verso, empleando exclusivamente el verbo o la palabra. De este rancio dogma dado a conocer durante la Edad de Piedra, que terminó siendo adoptado por los clérigos de varias religiones, porque se dieron cuenta que les servía para reforzar los cuentos sobre la dizque creación o fabricación del hombre, fue como surgió y se popularizó el vocablo, Universo, que simplemente significaba para las personas de aquellos tiempos, un solo verso.

La falsedad de estas dos invenciones la pudieron sostener los herederos de aquellos farsantes que las han usado durante milenios, por aliarse con los hombres que tenían el control de las armas, pero en la actualidad estamos conscientes que la materia física no surgió de la nada, sino que se trata de energía condensada o concentrada al máximo nivel posible. Quedando esto demostrado con la serie de trabajos que fueron dados a conocer por el Sr. Albert Einstein.

Al percatarse la Mente Suprema de las diferentes sustancias que se formaron al manipular la energía, y del constante dinamismo de cada una de ellas, fue cuando procedió a establecer una serie de reglas para regir todo el producto resultante de su actividad, a las que la humanidad se ha estado refiriendo de distintas maneras, siendo las más comunes: "Las Leyes Fundamentales del Universo", " Las Leyes de la Naturaleza" y " Las Leyes de Dios", pero esta última expresión nada tiene que ver con los supuestos mandatos de los entes religiosos.

Aunque en principio fueron tres, después que decidió enviar grandes cantidades de sus emisarios a investigar, estableció una muy particular para reglamentarles sus actuaciones. Estos cuatro preceptos les permiten cumplir con su tarea encomendada; investigar lo acontecido dentro de esas regiones, y presentarles infinitas alternativas para conducirse a través de estos sitios, donde podrá conseguir toda la información posible, sin tener necesidad de violar esas normas.

Lamentablemente, la mayoría de las personas que se continúan movilizando sobre la superficie de este planeta, por su posición acomodaticia y conformismo, no comprenden cómo funcionan estos preceptos, por las mezquinas actuaciones de todos esos patanes, que desde sus inicios se han estado colocando al frente de las organizaciones dogmáticas. Sólo conocen partes de ellos cuando se dedican a estudiar, bien sea las ciencias naturales o sociales, y al leer los planteamientos de algunos escritores de esoterismo.

Esos farsantes que se muestran ante los individuos más ingenuos, como poseedores de un profundo conocimiento de esos entes confeccionados en el pasado por sus colegas, presentándoselos con el mayor descaro, como los únicos y verdaderos dioses, no sólo les impiden conocer Las Leyes Fundamentales del Universo, sino las razones que permitieron la aparición de los seres portadores de vida dentro de la Tierra, y en los otros planetas que se encuentran habitados.

Con sus continuos artificios, no les permiten a los seguidores de sus credos, percatarse que los cuerpos de los seres vivos están activados por esas partes infinitesimales salidas del Creador Universal para obtener la mayor cantidad de información posible de su obra, y todo el conocimiento adquirido por sus mensajeros formarán parte de Él, cuando retornen nuevamente cargados con ese cúmulo de conocimientos que han alcanzado, viniendo a ser este el final que tendrán todas las chispas sin excepción, por más tiempo que tarden en cumplir con la misión encomendada.

No deje que sigan burlándose de usted, con una patraña fútil derivada de esa fabulosa invención sacerdotal de la Edad de Piedra, el bien y el mal. Digo esto, porque es totalmente falso que las partes infinitesimales del Gran Atractor, por sus actuaciones puedan pasar a formar parte de un bando opuesto a este Extraordinario Ser, por una sencilla razón, porque no tiene ni tendrá adversario alguno, como al parecer los han llegado a tener todos esos entes ficticios que brotaron en las mentes de todos aquellos personajes, que decían representarlos aquí en la Tierra.

¿Por qué no lo ha encontrado?

Después de haber conocido los motivos que llevaron a los hombres miedosos de la antigüedad a crear esa dualidad a la que le decimos el bien y el mal, y la cantidad de artificios que surgieron de esa primera invención surgida dentro de las mentes de los especímenes sapiens-sapiens, he llegado a comprender la conducta asumida por nuestros congéneres, que son engañados por quienes parasitan en las sociedades modernas, por negarse a efectuar investigaciones para conocer la realidad oculta detrás de esos credos.

Si hubiesen actuado con sensatez, en lugar de aferrarse ciegamente a todas esas falsedades, como lo haría un náufrago sobre una tabla de salvación, cuando se encuentra en aguas profundas, jamás se convertirían en esos fanáticos que repiten como cacatúas, lo manifestado por los herederos de quienes se estuvieron mostrando en tiempos remotos como los representantes de sus propias entelequias en la Tierra.

Pese a no compartir ninguno de los irracionales procederes de estas personas que aceptan lo anterior como realidades innegables, y enfrentan las distintas situaciones desagradables que les acontecen, como si se tratara de supuestos castigos enviados por los dioses, aunque sienta pena por ellas, las he llegado a respetar, por darme cuenta que todo esto se debe a sus actuales estados de consciencia, pero en alguna de las futuras encarnaciones de sus chispas, podrán llegar a comprender que fueron engañadas de forma mezquina por los sacerdotes.

Como ellas se encuentran embelesadas con las distintas fantasías que son exhibidas por estos avariciosos personajes, que todavía continúan sintiendo alergia por la realización de algún tipo de trabajo, no logran darse cuenta a dónde las han conducido durante todos estos milenios, ni que las mantienen prisioneras en cada una de estas artificiosas y laberínticas organizaciones, sustentadas muchas de ellas, en aquellas falsas creencias que fueron inventadas por los temerosos e ignorantes hombres de la Edad de Piedra.

Las mantienen caminando siempre en círculos dentro de un mismo sitio, en el plano astral, porque las siguen haciendo dependientes de esos entes de materia ectoplasmática, a quienes solamente les inventan nuevas apariencias, evitando que ellas se percaten de la realidad, dándoles la impresión que nada tienen que ver con los entes de las religiones del pasado, pero siguen siendo exhibidos como seres de las alturas, o dioses benévolos, que habitan en los cielos, y como los individuos maléficos de las profundidades, o demonios residentes de los infiernos.

¿Se ha preguntado cuál es la diferencia entre esos dioses que se veneran ahora, y aquellos de la antigüedad más remota?

Quienes se han colocado al frente de las llamadas religiones modernas, han estado utilizando a esas entelequias que no tienen la culpa de haber sido confeccionadas por los charlatanes del pasado, con fines estrictamente mercantiles; pero lo más lastimoso de todo esto es, que mientras todos ellos se han estado aprovechando de los seguidores de sus tergiversaciones, con una sola finalidad, la de satisfacer sus necesidades y caprichos, sin trabajar en algo de utilidad como las demás personas, les impiden encontrar al Creador Universal.

Ese nefasto artificio sustentado en las sensaciones agradables y desagradables sentidas por nuestros antepasados, ha provocado mucha intimidación en la especie humana, a lo largo de su existencia, por todos los efectos secundarios generados desde su implantación, porque los sacerdotes de los tiempos posteriores establecieron cada una de sus doctrinas, en función de ese dogma primordial. Planteando desde sus inicios la existencia de dos bandos conformados por dioses y demonios, que premiaban y castigaban respectivamente a los humanos, por sus acciones.

Transcurrido un tiempo, luego confeccionaron nuevos entes con sus propias virtudes y defectos, con los que engatusaron a la gente ingenua para obligarlos a hacer sus voluntades, después de haberse presentado ante los temerosos campesinos, como los representantes de cada uno de esos seres de ficción que continuaban fabricando en sus mentes. Permitiendo esta situación, la proliferación de un mayor número de parásitos sociales en los caseríos, porque cada uno de esos entes de las alturas o los cielos, debía tener su propio delegado en la Tierra.

El incremento indiscriminado de estos tramposos que inventaron el oficio más antiguo del planeta, le trajo graves repercusiones a nuestros congéneres de esa época, porque en los tiempos cuando los comestibles escaseaban por cualquier motivo, resultando insuficientes para alimentar a los grupos familiares de quienes los producían, los incitaban a enfrentarse con ferocidad a sus vecinos que ofrendaban a los dioses de sus competidores, con el propósito de obligarlos a entregarles las provisiones que les estaban haciendo falta.

Los clérigos comenzaron copiando los mismos procedimientos empleados por los integrantes de aquellos grupos nómadas que saqueaban los sembradíos, en las temporadas de las cosechas, cuando los agricultores habían recogido sus frutos. Les hacían ver a quienes aceptaban sus invenciones, que estaban cumpliendo con un mandato de su representado, y para eliminar la competencia plantearon, que los patronos de los vencidos no los protegieron, por haber fallecido en esos combates; razón por la cual ya no podían tener comisionados.

Inicialmente se trató de pequeñas escaramuzas, pero terminaron transformándose en sangrientas guerras que trajeron miseria y desolación en esas fértiles tierras de cultivo, porque disminuyeron los productores y aumentaron los consumidores, cuando los tradicionales agricultores procedieron a abandonar sus labores para convertirse en soldados, dándole un uso distinto a sus implementos de labranza. Así fue como surgieron las primitivas armas de aniquilamiento.

Mantuvieron esas situaciones durante muchos siglos, que les permitieron organizar y controlar los centros poblados de mayor tamaño, en los distintos puntos del planeta donde comenzaron a actuar con mayor mezquindad, porque desde el principio, los hombres que lograron tener el control de las herramientas usadas en las guerras, siempre fueron unos títeres suyos.

¿Comprende ahora, por qué al formarse los diferentes reinos y los grandes imperios que hemos llegado a conocer, nos encontramos que estos farsantes estaban relacionados con los gobernantes, de una manera u otra?

Estos acontecimientos se pudieron presentar, como consecuencia de las acciones de otros clérigos mucho más sagaces que sus antecesores, quienes finalmente se dedicaron a transformar todas estas fantasías, usadas al principio para satisfacer sus necesidades más elementales, en una perfecta arma de intimidación o amedrentamiento, con la que aterrorizaron y se impusieron sobre los jefes de los hombres armados, hasta manejarlos a su antojo.

Lograron su objetivo, después de desvincular a los entes bienhechores de los maléficos, porque inicialmente a los integrantes del segundo bando, identificados con el calificativo de demonios, los mostraban como subalternos de los primeros, las divinidades. Estos auxiliares, presuntamente estaban encargados de ocasionar todas las situaciones desagradables para sancionar a los humanos, cuando llegaban a desobedecer los preceptos de sus jefes, que siempre eran dados a conocer dentro de las comunidades, por cada uno de sus representantes en la Tierra.

Gracias a esa nueva jugada clerical de la Edad de Bronce, fue como la antigua tradición instaurada durante el Neolítico, siguió alcanzando una mayor influencia entre los asustadizos aldeanos que sentían terror ante las entidades del mal, pero mucha tranquilidad con las del bien, hasta convertirse finalmente en la base de sustentación de este artificioso y desgastado desorden ordenado, por el que todavía nos continuamos conduciendo en la actualidad.

Esta situación que abarca distintos ámbitos, desde el social hasta el económico, pasando por el político, el militar, y todo lo relacionado con el comportamiento humano, llegó a presentarse, porque todas esas doctrinas religiosas con las que han estado sugestionando a los habitantes de los pueblos, desde los últimos siglos de la segunda mitad del IV milenio a.J, cuando se originó la primera de estas instituciones clericales, se rigen por esa farsa confeccionada por los humanos que andaban de un lado a otro persiguiendo a las manadas, para obtener su alimento.

Los mismos planteamientos continuaron manteniéndolos vigentes dentro de las organizaciones dogmáticas que han logrado mantenerse activas en los últimos tiempos, porque sus directivos persisten en regentar ese lucrativo negocio heredado de sus antepasados. Pese a estar conscientes que engañan a sus adeptos con estas ficciones, seguirán parasitando descaradamente, mientras una parte de la humanidad siga creyendo ciegamente en ellos.

No les importa en lo más mínimo, que esa reglamentación esté basada en la patraña más antigua de los charlatanes, el bien y el mal, y en algunas falsedades más recientes que la primera, como: La aparición de los cielos y la tierra a través de la palabra o el verbo. La creación, fabricación, o confección de la especie humana con cualquiera de los materiales ya mencionados. La existencia de los seres vivos únicamente en este planeta, y muchas otras que han traído menos trascendencia a la humanidad, que las anteriores.

Entiende ahora los motivos que tienen esos personajes que se mueven en el ambiente económico, político, militar, y en especial el religioso, en realizar los mayores esfuerzos posibles para generar toda esa desinformación, en lo referente a la existencia de los seres vivos fuera de esta hermosa esfera azul, para evitar que la sociedad planetaria tenga pruebas de los engaños sacerdotales, porque nunca ha estado sola en el cosmos, ni cómo aparecieron esos otros organismos vivientes, y menos aún que tengamos alguna idea de este Inmenso Ser energético.

Se ha percatado que en esas organizaciones clericales dedicadas a venderles engaños a las personas cándidas, desde las más antiguas hasta las modernas, donde sus asociados manifiestan que pueden religar o llevar a las personas a reencontrarse con los dioses verdaderos, se encuentran presentes esas entelequias sustentadas en esta absurda creencia concebida en función de las sensaciones agradables y desagradables sentidas por aquellos hombres temerosos, que fue implantado en los tiempos cuando todavía no se percataban de las bondades del sedentarismo.

No le parece que lo más sensato sería romper con esos arcaicos paradigmas, que sólo les han servido a los distintos sacerdotes para intentar satisfacer su insaciable codicia, y convertirse en los más grandes corruptores de la humanidad, con sus falsedades, proponiéndoles a nuestros semejantes, por más deshonestos que ellos sean, liberarlos de los "pecados" cometidos, a través de sus necios rituales, y hasta intervenir ante los dioses en la salvación de sus almas, siempre que estén dispuestos a entregarles porciones de alimento, dinero, o cualquier otra cosa de valor.

Sólo las personas imbéciles y desconocedoras del Creador pueden decir que liberarán a alguien de sus responsabilidades ante las Leyes Universales. La verdad es que siempre estaremos recibiendo todo tipo de compensaciones, agradables y desagradables, no de los dioses ni de los demonios, sino de La Ley de Causa y Efecto, cada vez que nuestras acciones afecten de alguna manera a cualquier otro ser portador de esas porciones infinitesimales de energía procedentes del Generador de las Chispas, a las que comúnmente les decimos vida.

Le recomiendo no conformarse con mi información porque pudiese estarle mintiendo, pero tampoco la niegue sin tener en qué sustentarse; para poder actuar con objetividad, debe investigar todo lo que pueda sobre estas invenciones de quienes miserablemente se dedicaron a la fabricación de dioses y demonios. Esto lo llevará a comprender en un primer momento, por qué fueron creados por nuestros ancestros, en tiempos arcaicos, y cómo surgió ese cuento donde afirman que el bien siempre se impondrá sobre el mal.

Como nada de eso está relacionado con el Creador, es una de las principales razones por la que no lo ha podido encontrar, y mientras continúen encerrados dentro de esos rediles regentados por esos personajes que mantienen una actitud oscurantista, jamás tendrá la más mínima idea de Él. Por eso estaré repitiéndole las veces que pueda, a quienes preguntan con insistencia, dónde lo podrán encontrar, lo siguiente: "Búsquenlo dentro de ustedes mismos".

Sus cuerpos y los de los demás seres vivos, por más insignificantes que nos parezcan, son los únicos santuarios del plano físico, donde se encuentran actuando las partículas de este Grandioso Ser Energético, que se conducen con total independencia para poder cumplir con la única misión que le asignaron. Adquirir todo el conocimiento que le sea posible en su entorno, y no hacer la voluntad de los dioses, y menos aún la de esos charlatanes que involucran a esos entes de ficción en sus engaños, para parasitar dentro de las sociedades.

Sé que mis planteamientos incomodan a los seguidores de esas instituciones sustentadas en arcaicos dogmas y en diversas creaciones sacerdotales pertenecientes a esa dualidad inarmónica, que está representada por el bien y el mal. Si usted tiene un estado de consciencia que no le permite entender esto con claridad, por no estar preparado para digerir semejante información, y considera que falseo la realidad, por sentirse conforme con lo señalado por la religión que profesa, no siga leyéndome a partir de ahora, continúe con lo que le agrade.

Sin embargo, a quienes realmente están buscando respuestas, espero que todas estas informaciones le sirvan para comenzarse a despojar de las oscuras vendas, y a su vez actúen como pequeñísimos rayos de luz dentro de la inmensa oscuridad generada por aquellos señores que manifestaban representar a los dioses en el pasado, que en la actualidad la mantienen vigente quienes en estos días conducen esas lucrativas instituciones mercantiles que les impiden a los ingenuos, reconocer al Creador Universal dentro de ellos mismos, para ofrecerles reunirse con esos entes ectoplasmáticos confeccionados por sus colegas del pasado.

Reflexione un poco ahora que se ha dado cuenta de lo siguiente, si Dios no construyó al hombre, pero si permitió la aparición de los seres portadores de vida, aparte de actuar con justicia y no ser bueno ni malo, por ser esto último una invención de los humanos, menos aún narcisista, omnisciente ni todopoderoso. De quién nos puede estar hablando estos nefastos personajes que no tienen idea de Él, ni qué hacemos dentro de su obra.

En esta publicación estoy dándole a conocer los orígenes de este increíble embrollo iniciado por aquellos hombres tramposos, alérgicos al trabajo y carentes de escrúpulo, que inicialmente actuaban cada uno por su lado, y luego acordaron reunirse en esas instituciones para engañar colectivamente a las personas sencillas, trabajadoras y candorosas, con sus fraudulentas invenciones; obligándolas bajo engaño a solventarles todas sus necesidades y caprichos.

Aparte de las vestimentas usadas por aquellos sacerdotes de la antigüedad que cubrían sus cuerpos con malolientes pieles de animales, luego con rústicas y primitivas telas, y los actuales que se colocan los más lujosos ornamentos, cree que pudiese existir alguna otra diferencia entre ellos, si todos sus creencias continúan girando alrededor de esos entes del bien y del mal, que dizque se mantienen en una constante disputa.

Si las religiones realmente no representan un negocio para sus manejadores, y su único propósito es unir a los hombres con los dioses verdaderos, por qué sus asociados no les ofrecen sus servicios de forma gratuita a quienes aceptan estas creencias, en lugar de mostrarse hipócritamente como seres abnegados que le dedican gran parte de sus vidas a enaltecer a las divinidades, efectuándoles rituales, y aparentando ayudar a sus devotos en la salvación de sus almas.

Durante estas décadas que me he dedicado a la investigación dentro de las regiones del universo a las que he tenido acceso hasta ahora, me permitieron percibir quien era este Grandioso ser, capaz de trascender a su propia obra. Igualmente comprendí en qué consistía verdaderamente su condición de omnipresencia, al percatarme que las porciones infinitesimales suyas, eran quienes se encargaban de activar a esas estructuras de materia inerte a las que llamamos cuerpos, al conocer lo que motivó la presencia o el surgimiento de todos esos organismos, a los que sencillamente hemos venido identificando con el nombre de seres vivos.

Si la materia permanece inerte hasta que una parte de este Grandioso Ente Energético se acopla a ella, entonces estará de acuerdo conmigo en aceptar que Dios si es la vida misma, por consiguiente, sí existe al encontrarse presente en todos los lugares del universo donde haya seres animados. Aunque la mayoría de las personas no ha sabido cómo encontrarlo y otros nieguen su existencia, por no saber realmente lo que han estado buscando todo este tiempo.

¿Dios de los ejércitos?

Si ha continuado revisando las páginas de esta obra, se liberará de muchos de esos obstáculos que le han colocado las organizaciones clericales para impedirle comprender, quién es realmente este Grandioso Ente llamado por nosotros, El Creador Universal. Ya le he dado a conocer algunas de sus cualidades, y aclarado que no está constituido como dicen los judeocristianos, de esa mezcla de Nitrógeno, Oxigeno, Hidrógeno, Anhídrido Carbónico y algunos Gases Nobles, a la que conocemos con el nombre de aire, o como le decían los romanos, Spiritus.

Ahora sabe que su esencia es energía electromagnética, que cumple con ciertas condiciones muy particulares para decirle vida, porque tiene la habilidad o propiedad de activar a las estructuras de material proteico, cuando se encuentra en estado inerte, al momento de acoplarse a ellas, usándolas como sus medios de transporte o vehículos. Aparte de poder conducir esos bloques de materia a voluntad, también posee una capacidad de almacenamiento ilimitada, para guardar toda la cantidad de información o aprendizaje que le sea posible.

Permítame hacerle esta recomendación para que tenga una idea más clara de Él. No la lea de forma apresurada, deténgase donde considere prudente hacerlo para analizar la información que le voy suministrando. Indague a profundidad sobre lo que desea, en los distintos sitios a su alcance, sin llegar a excluir lo planteado dentro de los diferentes grupos religiosos, teniendo siempre presente que su punto de sustentación es el dogmatismo, por eso menciono fechas, lugares y nombres de personas, que le sirvan de referencias en sus investigaciones.

Antes de continuar le mencionaré dos viejos proverbios, porque tienen mucho que ver con los credos implantados dentro de esas instituciones comercializadoras de engaños, a las que les damos el nombre de religiones. Esas corporaciones organizadas a partir de la segunda mitad del IV milenio, donde decidieron colegiarse muchos charlatanes que estuvieron haciendo de las suyas entre los habitantes de esos grupos tribales asentados en los suelos de Mesopotamia.

Estos dos refranes del saber popular, son los siguientes: "La verdad jamás contradice a la verdad", y "La mentira tiene las patas demasiado cortas".

Los he recordado en este momento, porque un claro ejemplo de ellos lo podemos apreciar sin efectuar grandes esfuerzos, cuando leemos el capítulo 1 de ese libro supuestamente escrito por el primer evangelista que encontramos en la Biblia, Mateo, quien fue uno de los doce elegidos de la divinidad más conocida de los cristianos. Este individuo supuestamente llegó a ser uno de los integrantes de ese grupo selecto de personas, que fueron escogidas directamente por ese dios, entre una gran cantidad de sus seguidores.

Por su condición de Apóstol debió comportarse de la forma más honesta posible, pero no actuó así, al momento de comenzar a redactar sus planteamientos. En apenas 16 versículos demostró lo que verdaderamente era, un individuo totalmente mentiroso, pues, la falsedad escrita en el versículo I para implementar un nuevo engaño: " Libro de la genealogía de Jesucristo, hijo de David, hijo de Abraham", quedó totalmente evidenciada en el XVI: " y Jacob engendró a José, marido de María, de la cual nació Jesús, llamado el Cristo".

Señores directores de las religiones que se identifican como cristianas, aclaren de una vez la verdad para salir de esa duda generada por la imbecilidad de quien escribió el primer evangelio; de quién es hijo Jesucristo, de ese hombre llamado José, del dios de los judíos, o del Espíritu Santo.

Si es de alguna divinidad, como lo dice ese individuo en el mismo capítulo 1, versículo XX: "Y pensando él en esto, he aquí un ángel del Señor le apareció en sueños y le dijo: José, hijo de David, no temas recibir a María tu mujer, porque lo que en ella es engendrado, del Espíritu Santo es.", entonces es totalmente falso que sea descendiente de la tribu de David, porque ese supuesto carpintero es el pariente del segundo rey hebreo; pero si realmente es de esa deidad, jamás podrá estar relacionado de alguna manera con aquel monarca.

Dese cuenta que en esto se cumple el segundo proverbio: La mentira tiene las patas demasiado cortas, porque cualquiera que sea la respuesta para explicarnos ese galimatías manifestado en el Evangelio atribuido a ese apóstol, deja ver con toda claridad el embuste de este individuo que ha perdurado todos estos siglos. Lo más lamentable, es que los clérigos de esas instituciones que usan al Cristo como su principal producto de comercialización, para aprovecharse de este cuento sobre su genealogía, corroboran lo dicho por este santo embustero, que aparentemente habita dentro de los cielos cristianos.

Este fascinante pero fabuloso compendio de libros, al que le decimos Biblia, viene a representar para los cristianos más fanáticos, la palabra de esa creación sacerdotal de los hebreos monoteístas, que fue presentada desde sus inicios, como el único y verdadero dios, por aquellos parásitos sociales que usaron de huésped a la gente incauta de dos tercios de sus tribus; aunque a partir del siglo IV, fue implantada con las armas del imperio romano, como el padre del Cristo.

Planteamientos como ese no deberían ser afirmados ni negados a priori. Antes de emitir cualquier juicio, deberíamos leer con bastante atención, toda esa serie de planteamientos aparecidos en sus páginas, y después de actuar con sensatez, analizándolos con la mayor objetividad, reflexionemos para podernos dar cuenta si llegan a contradecirse o no, porque como dice el proverbio, la verdad jamás contradice a la verdad.

Un alto porcentaje de las personas desconoce, que los libros del Pentateuco o la Torá, son los únicos considerados valederos por las máximas autoridades de la religión judía, y apenas son los cinco primeros de esa obra considerada la palabra del dios cristiano, de más de siete decenas que fueron recopilados por el comisionado de esa organización, poco después que el emperador Constantino; el hijo mayor de Constancio Cloro y Santa Elena, procediera a dictar el Edicto de Milán, durante los años de la primera mitad del siglo IV.

En un principio, los directivos de la religión hebrea los calificaron a todos de fraudulentos, con excepción de los escritos por el ficticio Moisés, cuando el Papa Dámaso I le ordenó a un hombre llamado Jerónimo, que después fue transformado en santo católico, recopilar y publicar una lista de 73 libros, en los territorios que estaban bajo el control de las autoridades romanas, a finales del siglo IV de nuestra era. A ellos le dieron el nombre de Vulgata, porque el comisionado papal tradujo las cinco primeras escrituras del Pentateuco, del arameo y no del hebreo, a la lengua latina, e hizo lo mismo con los que estaban escritos en griego.

La obra del apóstol Mateo representa una de las mejores pruebas de que la mentira tiene las patas cortas, al hablar de la genealogía de Jesucristo. Si aceptamos que lo planteado en su libro, también forma parte de la palabra de ese dios verdadero, podemos concluir dos cosas: 1) La divinidad de los monoteístas es una entidad totalmente mentirosa, por contradecirse, al plantear el origen de su hijo. 2) No es embustero, pero es completamente falso que la Biblia sea su palabra.

Veamos algunas otras contradicciones de ese dios verdadero. Los hijos engendrados por los dioses con las mortales, en las organizaciones dogmáticas anteriores a la cristiana, eran semidioses, pero estos señores que se han estado jactando de ser monoteístas cometen la estupidez de afirmar lo siguiente, Jesucristo fue un dios hecho hombre. Sin embargo, cuando leemos en el capítulo 23, versículo XLVI, del libro de Lucas, vemos lo siguiente: "Entonces Jesús, clamando a gran voz, dijo: Padre, en tus manos encomiendo mi espíritu. Y habiendo dicho esto, espiró".

Si el Cristo es el dios de los cristianos, como afirman algunas personas, en lugar de aceptarlo como a un semidiós para continuar con la vieja tradición de las religiones del pasado, por haber sido hijo de una divinidad con una mortal. En esa parte del libro de Lucas, se está aceptando claramente la existencia de dos dioses en lugar de uno, Jesús y su padre.

¿Pueden ser esas instituciones dogmáticas que se rigen por la Biblia, verdaderamente monoteístas, pero a la vez aceptar la existencia de Jesucristo, como otro dios dentro de ella?

Lo descrito en los libros del pentateuco también cae en contradicciones, y como la verdad nunca se contradice, automáticamente queda demostrado, de acuerdo a ese proverbio, que en ellos también nos están diciendo mentiras. En este caso vuelve a surgir la duda, si ese dios verdadero que también es el padre de Jesucristo, es mentiroso, o podemos pensar que fue Moisés quien alteró las palabras que éste le dictara, después de romper las tablas que le entregaron en un principio.

Dejo abiertas esas dos posibilidades por lo mencionado en el capítulo 2, versículo 7 del Génesis: "Entonces Jehová Dios formó al hombre del polvo de la tierra, y sopló en su nariz aliento de vida, y fue el hombre un ser viviente". Esto no guarda relación con lo que luego manifiesta en el capítulo 17, versículo XIV, de Levítico: "Porque la vida de toda carne es su sangre; por tanto, he dicho a los hijos de Israel: No comeréis la sangre de ninguna carne, porque la vida de toda carne es su sangre; cualquiera que la comiere será cortado".

Lo referido en Lev. 17:14, es otra de las muchas pruebas donde se demuestran los plagios que los clérigos hebreos les realizaron a aquellos relatos religiosos de los sumerios, que datan de la segunda mitad del IV milenio. En esta oportunidad a lo descrito en su libro de Génesis, cuando hablaron acerca de la confección del hombre, porque para esa gente, ese rojo fluido que circulaba por las venas, las arterias y los demás vasos de los animales y de los humanos, era la vida, por tener la propiedad de activar sus cuerpos, y al escapárseles quedaban completamente inmóviles.

Comprende ahora, por qué los habitantes de los pueblos de la antigüedad que llegaron a tener algún tipo de relación directa o indirecta con las manifestaciones culturales y religiosas de los sumerios, se dedicaron a emplear la sangre de animales y de humanos, para halagar a sus dioses con esas ofrendas, en las distintas regiones del planeta, desde casi tres milenios antes de aparecer esas errabundas tribus, que finalmente dieron origen a los hebreos.

Después de la derrota de Babilonia por parte de los persas, aquellos señores que decidieron regresar a las tierras de Israel, trajeron esos relatos donde se narraba la versión original de los sumerios, sobre la creación del hombre, aunque durante la segunda mitad del siglo V a.J, sus herederos procedieron a hacerles una serie de cambios, cuando ordenaron escribir el primer libro del Pentateuco, creyendo que la adopción de ese dogma jamás sería descubierta.

Todas sus invenciones y plagios aparecidos en los tres primeros libros, fueron aceptados a la fuerza por sus temerosos pobladores, porque los jefes del judaísmo ya controlaban a los gobernantes y a los comandantes de las tropas, pero a comienzos del siglo IV o finales del V, cuando dieron a conocer el libro número cuarto, Levítico, sus mentiras demostraron tener las patas cortas, porque lo aparecido en Gen 2:7, se contradice en Lev. 17:14.

Señores fanáticos, abran los ojos, no se dejen engañar. La Biblia no es la palabra de la deidad hebrea y padre de Jesucristo; si lee con calma el Éxodo, se dará cuenta que esa entelequia solamente se dedicó a dictarle parte de los libros del Pentateuco a ese expósito para que escribiera, porque este individuo había destrozado los manuscritos originales que él le entregó, los cuales había grabado con su dedo en unas tablas de piedra, pero nada más.

Investigue todo lo que pueda sobre esta materia histórico-religiosa, donde aparecen involucradas dos culturas, la sumeria y la hebrea. Para ser realmente imparcial, examine los planteamientos de ambos grupos sacerdotales, e igualmente revise las informaciones de los científicos que no se prestan para hacerles el juego, ni se confabulan con los directivos de las organizaciones mercantiles sustentadas en dogmas, pues, su intención es presentarnos la realidad de una manera objetiva.

Deslastrándose de todo tipo de dogmas e investigando, será como podrá cambiar su estado de consciencia y eliminar sus miedos, hacia todas esas creaciones humanas con las que lo chantajean los diferentes clérigos, porque se le abrirán muchas puertas de acceso a regiones del universo que no pueden ser manipuladas por los comerciantes del engaño, a quienes no les conviene que usted las traspase para enterarse de la verdad, pues, se pondrán al descubierto sus bellaquerías.

Cuando tome consciencia que su organismo es el producto resultante del ensamble de tres cuerpos existenciales (el físico, el astral y el mental), para formar un vehículo que pueda ser guiado por esa parte infinitesimal de energía, procedente de Dios, estará en condiciones de entender también, que todos, absolutamente todos los seres portadores de vida, por más insignificantes que nos parezcan, son Él, accionando en esta parte del plano físico.

Mientras usted no logre salir de ese prolongado adormecimiento donde lo han mantenido sumergido esos personajes, que sienten escalofrío ante el trabajo, y les gusta disfrutar de todos los placeres de la vida sin realizar esfuerzo físico alguno, jamás podrá notar la más mínima presencia de ese maravilloso ser capaz de estructurar el universo, quien nada tiene que ver con esas entidades de ectoplasma, elaboradas por esos timadores en el pasado. Ninguna de ellas es culpable de haber sido inventadas por estos personajes mezquinos, que las han usado para su beneficio.

Para ayudar a salir del oscurantismo a todo aquel que lo desee, siempre revelo en mis publicaciones los nombres de personas, territorios o fechas que pueden ser corroboradas históricamente, porque mi propósito es liberar la conciencia de las personas que están cansadas de ser presas fáciles de esos astutos personajes, que adquirieron los métodos empleados por los cazadores del sexto o séptimo milenio, cuando no podían capturar sus presas por haberse lesionado.

Cuando la humanidad sólo vivía de la caza y la recolección, los hombres que no fallecían en los accidentes laborales, pero quedaban incapacitados para efectuar sus tareas, en los momentos de descanso, se dedicaban a contarles todo tipo de fábulas a sus compañeros de clan para distraerlos; recibiendo de éstos la comida sobrante, como recompensa por entretenerlos. Esas acciones de nuestros congéneres hacia los lisiados de aquellos tiempos arcaicos, fueron las que permitieron el surgimiento del oficio más antiguo del planeta, el sacerdocio.

La veracidad o tergiversación de un algo en particular es difícil de demostrar, cuando no se tiene rastro de él, por eso fue que esos parásitos sociales, desde el pasado más lejano, se dedicaron a ocultar o destruir las pistas que pudiesen desenmascarar sus plagios o invenciones ante sus fieles seguidores. Le digo esto, para llevarlo a comprender, por qué los grupos vencedores se dedicaban a esconder o arruinar los documentos religiosos, tras recibir las órdenes de sus clérigos, que pudiesen revelar la falsedad de sus credos.

Los astutos representantes de la religión judía no fueron la excepción de esa regla; se aprovecharon de la ingenuidad de esa pobre gente, que ignoraba la realidad vivida por sus antepasados en esas tierras del nordeste africano, ocupadas por los egipcios desde el quinto milenio. Esa fue una de las razones por la que desde la segunda mitad del siglo VI, al enterarse de la existencia del rey Ciro, El Grande, inventaron los cuentos de su presunta esclavitud en Egipto, para que los hebreos monoteístas vieran a los hamitas como sus peores enemigos.

Aparte de esconderles su realidad histórica, con fines estrictamente político-religiosos, con todo tipo de patrañas les impidieron enterarse cómo habían procedido a confeccionar al dios Jehová, durante el siglo XIII, usando como base de sustentación, al dios Atén o Atón. Esa deidad que comenzó a ser venerada en esa parte de África, a comienzos de la segunda mitad del siglo XIV a.J, después que el faraón Amenofis IV cambió su nombre por Akenatón.

El resto de las modificaciones sufridas por esta creación de los charlatanes hebreos se comenzaron a notar, después que muchas familias sacerdotales fueron deportadas por los asirios, y pese a todo el feroz empeño que pusieron para que no se llegasen a descubrir sus engaños, finalmente fracasaron, porque esas pruebas nunca se perdieron como ellos llegaron a pensar, cuando sus primeros opresores fueron totalmente aniquilados por los Medos y los babilonios.

Como consecuencia de esas acciones detractoras donde se involucró mucha gente, es por lo que debemos realizar un pequeño esfuerzo para apreciar los diferentes cambios sufridos por esta creación sacerdotal de los hebreos, desde el siglo XIII hasta finales del siglo VI o principio del V a.J., antes de que el monoteísmo hebreo pasara a transformarse en una religión dualista, varios años después de haber recibido la visita de los persas.

Aunque durante aquellos tiempos, esas no fueron todas las transformaciones que les habían venido efectuando a esta divinidad traída por sus antepasados, de las tierras egipcias, porque desde la llegada del rey asirio, "Teglatfalasar III", los sacerdotes hebreos conocieron innumerables mitos en el exilio, donde se mencionaban las guerras entre los dioses, y los supuestos apoyos que estos patronos les proporcionaban a sus adoradores.

Aprovechándose de ese tipo de leyendas, fue como los representantes del clero judío pudieron preparar a la población monoteísta, para la inminente llegada del hijo de Cambises I; utilizaron a la creación sacerdotal de sus antepasados, para alcanzar su más ansiada meta en el ámbito político, reunificar a todos sus fieles, siendo así como a partir de la segunda mitad del siglo VI a.J, los creyentes en esa divinidad comenzaron a escuchar una serie de ficciones que nunca antes se habían dicho en esas tierras.

En esa época, fue cuando los dirigentes del monoteísmo crearon las patrañas que formarían parte del libro de Éxodo, un tiempo después. El procedimiento utilizado por ellos sirvió para desprestigiar y cobrarles una deuda que los egipcios contrajeron con sus antepasados, por el apoyo que esas personas de raza hamita le dieron al patriarca politeísta, Jeroboam, cuando invadió Palestina y les arrebató parte de las tierras para establecer su reino, tras apoderarse de las riquezas depositadas en El Arca del pacto.

Luego de inventar esa fraudulenta comedia donde reseñaron que sus antepasados fueron prisioneros de los egipcios, continuaron dándole forma a sus bufonadas, sustentándose en muchos de los relatos sobre la vida del rey Sargón I, para crear al supuesto escritor del Pentateuco; presentándolo luego, como al primer emisario que fue utilizado por su metamorfoseado dios, para rescatarlos de la presunta esclavitud de esa gente de raza hamita. Generaron esta farsa apresuradamente, con el propósito de engatusarlos con una nueva, donde les mostraban al rey Ciro II, como su segundo enviado.

Esos astutos personajes que regían los destinos del judaísmo, en la segunda mitad del siglo VI a.J, actuaron en complicidad con los dizques profetas y sus demás aliados, que traían noticias de la Media Luna Fértil, para confeccionar a su primer mesías, copiando otros de los relatos originarios de aquella parte del planeta, donde se relataba el nacimiento, la infancia y la juventud de ese hombre nacido en un centro de cultivo, ubicado en las márgenes del río Éufrates, quien fue rescatado de sus aguas por un campesino, y llegó convertirse en el fundador del Imperio Acadio.

Y como reza otro proverbio: "Para cerrar con broche de oro". Los compinches de esos sacerdotes les manifestaron a esas ingenuas pero tozudas personas, que durante su complicada travesía por las ardientes tierras de la Península de Sinaí, donde se adentraron acompañados por el ficticio Moisés, sus obedientes antepasados llegaron a enfrentarse a unos belicosos pueblos inexistentes, en esos desérticos suelos, a los que vencieron en su imaginación.

Como esas ingenuas personas desconocían que sus antepasados habían sido quienes abastecieron por décadas a los egipcios y a algunas poblaciones de Palestina, con carne, quesos, y otros productos provenientes de las cabras, orquestaron esa otra fantasía para poderle colocar a su dios

Jehová, los mismos dones de guerrero que se le atribuían a Assur, el temible y sanguinario dios supremo de los asirios. Valiéndose de esos cuentos, fue como procedieron a colocarle el nombre de: "dios de los ejércitos", que igualmente ayudaría al rey persa a liberarlos del yugo babilonio.

Jehová no es el creador del universo

Los librepensadores que estamos dedicados a investigar todo lo relacionado con el hombre como entidad universal, no deberíamos observar sólo su parte física, a diferencia de lo que nos han estado presentando los científicos, sino en lugar de lo que realmente es; una compleja estructura formada con tres cuerpos, envolturas o vehículos protectores, de una de esas infinitesimales porciones de energía, procedentes de la Mente suprema, a la que a su primera cobertura o cuerpo magnético, se le desarrolló una habilidad o capacidad creadora.

Debemos ser imparciales para no conformarnos con verlo a través de la óptica de la biología, de la medicina, o de cualquier otra rama de las ciencias naturales como la antropología, la paleontología y la paleoantropología, ni de la historia o la sociología, sino usar todas y cada una de esas herramientas convencionales, más todas las inusuales que tengamos a nuestro alcance para estudiarlo, porque ellas nos permitirán obtener la mayor cantidad de información acerca de él, dentro y fuera de esta parte del universo a la que le decimos plano físico.

Y como estamos conscientes que la obra del Creador no es solamente la región constituida de materia física, sino que además lo integran la zona generada con la materia ectoplasmática y con la energía fotónica o luminosa, nos deslastramos de los dogmas para adquirir el conocimiento y los recursos suficientes que nos permitirán incursionar dentro de esos otros dos segmentos a los que le decimos plano astral y plano mental, que no pueden ser manipulados por persona alguna.

En el primero podemos encontrar entre muchas otras cosas interesantes, que todavía muchas personas no están en capacidad de entender por sus estados de consciencia, a todas las creaciones de nuestros congéneres pertenecientes al bien y el mal, a las diferentes entidades veneradas dentro de las religiones actuales y las del pasado, que hoy le decimos mitología, a los extraños y tradicionales entes con los que atemorizaron a nuestros antecesores de todas las edades, y a todos esos seres mal llamados amigos imaginarios de los niños.

Aunque lo más interesante para mí en este momento, es informarle que tanto en las regiones del plano existencial astral, como en las del mental, se encuentran localizados unos establecimientos bastante parecidos a nuestras tradicionales bibliotecas, a los que hemos identificado con unos nombres muy particulares, Los Registros Akásicos. Dentro de ellos podemos hallar gran cantidad de información que podemos apreciar en forma de videos o películas, o ser leídas de manera tradicional, como lo hacemos con nuestros libros.

Consultando en esos lugares para complementar los tradicionales registros históricos, fue como pude percatarme que antes de surgir la primera religión en el planeta, en la Media Luna Fértil, a finales del IV milenio a.J, los distintos especímenes sapiens ya habían confeccionado gigantescas cantidades de entes ectoplasmáticos sin saberlo, por desconocer que a las chispas activadoras de sus cuerpos físicos, se les había desarrollado una extraordinaria facultad llamada "Mente". Sin mencionar sus formas, esta habilidad es la que ha marcado la mayor diferencia entre ellos y los otros seres portadores de vida, que los han estado acompañando en este plano.

Con el paso del tiempo, las personas que terminaron parasitando en las comunidades, por haber sentido alergia por el trabajo, comenzaron a identificar a muchas de esas invenciones, con unos nombres muy particulares: deidades, divinidades o dioses. Estos seres de ficción que no vivían en la Tierra, pero se trasladaban a ella con cierta frecuencia, supuestamente contaban con unos auxiliares a los que llamaron demonios.

De acuerdo a lo manifestado por los descendientes de esos hombres que comenzaron a hacer de las suyas, posiblemente desde finales del Paleolítico medio o comienzos del Paleolítico superior, a quienes se les debería decir pseudo-sacerdotes, los subalternos de sus creaciones tenían una sola misión, proporcionarles un escarmiento a todas las personas que no cumplieran a cabalidad con los designios de sus jefes, para hacerlos entrar en razón.

Todas esas entelequias brotadas en las mentes fantasiosas de esos personajes que se han dedicado a parasitar dentro de las sociedades, siempre han carecido de esa facultad creadora.

Esa es la razón por la que estos seres espectrales constituidos de ese plasma de fotones, o materia ectoplasmática, que se desplazan por regiones definidas del plano astral, lo más que pueden hacer, es producir determinados efecto sobre nuestra segunda envoltura o cuerpo, y manifestarse ante nosotros para que nos mantengamos pendientes de ellos.

Los individuos que en la actualidad siguen aprovechándose de la candidez de los habitantes de los pueblos, continúan usando las mismas argucias que sus antecesores del pasado remoto, aunque ya no lo hacen para sólo obtener su diario sustento, sino para manejarlos a su antojo. Pueden seguir engañando a los incautos por todo lo que lograron durante estos milenios, y por la cantidad de lagunas encontradas por los científicos en sus investigaciones sobre el surgimiento de la especie humana en este hermoso planeta azul.

Los terrícolas no somos los únicos seres portadores de vida en el plano físico, en otros planetas se hallan muchos entes pensantes poseedores de tecnologías más avanzadas a las nuestras, y esto no los hace superiores a los hombres, aunque también hay otros con menos adelanto. No salieron de la nada, si investiga podrá advertir que las especies venían evolucionando sin alteración alguna, hasta el surgimiento de las distintas familias de australopitecinos, pero algo bastante extraño sucedió después que los hielos avanzaron desde los polos hacia la región ecuatorial.

Esos congelamientos a los que hago referencia, extrañamente se comenzaron a presentar en los inicios de la era Cuaternaria, entre las Edades Gelasiense y Calabriense, en períodos de tiempo relativamente cortos, de aproximadamente 2,5 y 1,8 millones de años, cuando se les llega a comparar con lo que tardaron en acontecer los otros que alteraron la superficie del planeta, muchos millones de años antes de surgir la especie humana.

Desde los dos primeros procesos glaciales llamados Biber y Donau, pasando por el Günz, el Mindel y el Riss, hasta el Würm, insólitamente se fueron esfumando unos humanos y como por arte de magia surgían otros que no tenían relación alguna con los anteriores, y al no poder encontrar ningún punto de enlace que explicara esas novedosas apariciones, fue cuando dentro del mundo científico se comenzó a hablar del eslabón perdido.

Durante esos procesos glaciares, los ejemplares de la especie sapiens hicieron esfuerzos para dejarnos información de las cosas que ellos pudieron presenciar en su entorno, grabando en distintas regiones del planeta, una serie de mensajes pictográficos (las pinturas rupestres), en las cuevas donde se llegaron a resguardar. En esos espacios se aprecian entre muchas otras cosas, a unos objetos parecidos a naves estelares de las que se habla en la actualidad y a unos individuos extraños con objetos en sus cabezas, muy parecidos a los cascos empleados por los astronautas.

Esos humanos no penetraron en las cavernas solamente para protegerse del terrible frío glaciar, sino para huir de algunos posibles perseguidores que pretendían darles caza. Digo esto, porque el número de esos especímenes no se encuentran en cantidades proporcionales a los de otros seres vivos; los escasos rastros que se consiguen de ellos, están dentro de las cuevas de cierta profundidad, pero en ningún momento se han localizado en los espacios abiertos, dando la impresión de haberse esfumado de las praderas que frecuentaron para obtener su alimento.

Quienes se dedicaron a dibujar en las cuevas, fueron esos especímenes humanos que no pudieron ser capturados por los personajes llegados de las alturas o los cielos, que estaban trajeados con una indumentaria bastante inusual para esos tiempos, llevando incluso cascos en sus cabezas. Si no le parece extraño que pintaran objetos parecidos a naves extraterrestres y astronautas, cuando todavía no eran capaces de controlar el fuego, ni tenían conocimiento de la existencia de los metales, valdría la pena preguntarse si se los imaginaron, o cómo supieron que existía algo así.

Como no se han hallado grandes cantidades de osamentas de aquellos humanos que desaparecían misteriosamente, no es disparatado pensar que las glaciaciones pudiesen haber sido provocadas intencionalmente por algo o alguien, para obligar a los integrantes de esos grupos a dirigirse hasta las zonas donde a las partes interesadas les resultaban fáciles de apresar;

transportándolas luego en esos vehículo con forma de discos, a planetas fuera del sistema solar, o a galaxias que se encontraban muy cerca de la Vía Láctea.

No creo que estos pobladores del planeta que sólo estaban pendientes de satisfacer sus necesidades fisiológicas más elementales, tuviesen tanta imaginación y el tiempo de descanso suficiente para idear semejantes cosas. Eso me lleva a pensar, que las pinturas rupestres no representan simples obras del arte cavernícola, sino toda una serie de mensajes dejados por aquellos especímenes sapiens para describir una parte de aquella realidad que estaban viviendo en esos días.

¿Le parece que esos seres obligados a recorrer grandes distancias a diario para mantenerse cerca de sus fuentes de alimento, de protegerse de las inclemencias del clima y sus otros enemigos naturales en esa época, podían estar pendientes de cualquier manifestación artística?

Las partes interesadas en presentarnos a Jehová como el creador del universo, nos han tratado de ocultar las imágenes que comprometen sus dogmas, donde aparecen humanos con cascos en sus cabezas muy cerca de las naves extraterrestres, filas de personas entrando y saliendo de esos vehículos, etc. Sólo publican las pinturas donde aparecen escenas de caza, manadas de animales, y toda una serie de objetos para impresionar a quienes no están enterados de las imágenes anteriores, mostrando las que les convienen, como si sólo fuese arte pictórico.

Nuestros antepasados decían que las divinidades creadoras de los humanos tenían sus cuerpos llenos de luminosidad, y vivían allá arriba, en los cielos. Sería por haber visto el aterrizaje de alguna nave, transportando algunos grupos de nuestros congéneres, durante los procesos glaciares, o después de retirarse las masas de hielo hacia los polos; siendo eso lo que los hizo pensar, que en estos objetos era donde los individuos llegados de las alturas procedían a crearlos o fabricarlos con los distintos materiales que se les ocurrieron.

La mayoría de las personas que en la actualidad dicen haber contemplado naves espaciales, describen esos objetos voladores con características muy parecidas a los dibujados en las pinturas rupestres, sin haber estado en conocimiento de la existencia de esas ilustraciones de los cavernícolas, donde se mostraban las extracciones y siembras de humanos empleando esos vehículos. Esto pudo haberles estimulado la imaginación a los autores de esos libros religiosos, que dieron a conocer esas fabulosas leyendas donde se describe el ascenso a los cielos, de los patriarcas y hasta de Jesucristo.

Es más, esos extraños objetos colocados encima de las cabezas de los individuos que aparecen plasmados en "esas obras de arte cavernícola", también fueron usados para simbolizar los nimbos o aureolas de las supuestas deidades que habitan en las regiones celestiales, mencionadas con bastante frecuencia por los clérigos de las religiones monoteístas.

La desinformación que han estado creando acerca de los extraterrestres, también la implantaron con los antiquísimos mensajes dejados por nuestros ancestros, porque muchos de ellos les sirvieron a los charlatanes que se enteraron de su existencia en los siglos posteriores, para que comenzaran a hablar de las divinidades que llegaban de los cielos o las alturas, hasta que otros dijeron representar a esos entes aquí en la Tierra, para darles a conocer sus voluntades a las personas.

A eso se debe que durante siglos, mucho tiempo después de establecerse los grandes centros poblados en diferentes puntos del planeta, los sacerdotes manifestaban formar parte de una casta muy especial, que estaba por encima de los otros pobladores; pero eso no les pareció suficiente, cuando algunos de ellos finalmente lograron convertirse en reyes, valiéndose de sus acostumbradas patrañas, procedieron a mostrarse como hijos directos de esas mismas deidades que sus colegas inventaron.

Sin embargo, fue esa superioridad que lentamente fueron alcanzando con sus infundios, en aquellas pequeñas aldeas campesinas, lo que les permitió fabricar todos esos seres ficticios del bien y del mal, mostrándose luego como los representantes de éstos para usarlos en un primer momento, con fines netamente mercantilistas, aunque después los utilizaron para poderse inmiscuir directamente dentro de la política, y desplazar a los gobernantes tradicionales.

Ejemplos de esto último son los que más abundan a lo largo de la historia, pudiéndose ver claramente en los grandes y los pequeños reinos e imperios como el de los egipcios, donde los clérigos de dioses como: Osiris, Ra y Amón, se pusieron al frente de esa nación, generando en cada oportunidad graves conflictos, donde la población civil siempre resultaba ser la más afectada.

Cuando la doctrina monoteísta se dio a conocer por primera vez en la superficie del planeta, a comienzos de la segunda mitad del siglo XIV a.J, en el nordeste de África y no en la Media Luna Fértil, como han estado afirmando quienes actualmente le sacan provecho a esa creencia; a una parte de la población egipcia le agradó esa proposición implementada por el hijo del faraón Amenofis III, de venerar solamente al dios Atón o Atén, desechando a todas las demás divinidades que se venían adorando en ese suelo.

Este hombre buscó con esta jugada, un propósito estrictamente político y no religioso, a diferencia de lo que han estado presentando la mayoría de los estudiosos de la historia egipcia, porque solamente buscaba la eliminación de los poderosísimos sacerdotes de Amón, y del resto de sus secuaces que representaban a otras deidades. Estos individuos inescrupulosos eran quienes realmente mantenían el control absoluto del imperio, manejando a su padre como a una marioneta.

La genial idea que se le había ocurrido al rey Amenofis IV, después de proclamarse sumo sacerdote de Atón y cambiar su nombre por el de Akenatón, fue para intentar recuperar la autoridad del reino de las pirámides y las esfinges. Este culto monarca estaba en conocimiento, que al momento de eliminarse a una deidad, como se había venido haciendo en oportunidades anteriores, esa entelequia ya no podía tener representante alguno en la superficie de la Tierra.

Esa costumbre también la adoptaron esos personajes que dijeron representar al dios Jehová desde sus inicios, calificando a las deidades idolatradas por las otras personas como entes totalmente falsos, y al suyo como el único y verdadero, aprovechándose de la ignorancia de esa gente ingenua que les había arrebatado sus tierras a los cananeos, en la segunda mitad del siglo XIII a.J.

Utilizaron un argumento similar al de Akenatón, por haber estado presentes en ese suelo regado por las aguas del río Nilo, durante casi todo el tiempo que duró la revolución implementada por este hombre, a los pocos años de su coronación como faraón.

Transcurridos casi V siglos de su llegada a Canaán, cuando el reino organizado por el rey David se encontraba dividido en dos partes, sus clérigos procedieron a darle una forma definida a esta divinidad. En un principio no pudieron representarla con alguna imagen, porque en la época de los jueces, los encargados de esa tarea nunca lograron ponerse de acuerdo en las características que debía tener, aunque identificaban a esa entelequia con el nombre de Yahvé o Jehová, que los cristianos finalmente convirtieron en el padre de Jesucristo.

Ese ente surgió en las mentes de los hebreos después de haberse mudado desde las fértiles tierras del Delta del Nilo hasta las desérticas de Palestina, en la segunda mitad del siglo XIII a.J, por el terror que sintieron de morir arrasados por los aguerridos hititas que no pudieron ser detenidos por el faraón Ramsés II, quien se enfrentó a su rey Muwatallis, en la sangrienta batalla de Kadesh o Qadesh, a comienzos de ese mismo siglo, y no por haber huido de la supuesta esclavitud que sufrieron a manos de los egipcios.

¿Puede comprender ahora, por qué esta metamorfoseada entelequia confeccionada por los Habiru o Cabríos, nunca pudo haber creado o confeccionado a los primeros especímenes humanos, y menos aún al universo?

¿Cómo fue creado el dios Jehová?

Como la mayoría de los pueblos antiguos establecidos en la superficie de este planeta, los integrantes de los clanes monoteístas hebreos también aceptaron, aunque tardíamente, esa invención humana conocida por nosotros como el Bien y el Mal, que tanto daño nos ha estado causando todos estos milenios. Presentándose esa situación, poco más de V siglos de haberse marchado de aquellos fértiles suelos del Delta del Nilo, para invadir las tierras del sudoeste asiático, que estaban ocupadas por otros grupos semíticos, desde casi XVIII siglos antes de su llegada.

Entraron en contacto por primera vez, con esta antiquísima creencia, a finales del siglo VI a.J, como consecuencia de la visita que les realizaron los persas. A pesar de haber llegado a conocer parte de la cultura y la religión de los pueblos de Mesopotamia, sus directivos nunca se llegaron a percatar, que esta creencia ya había penetrado en esos fértiles suelos, durante el siglo XLV a.J, cuando los primeros clanes sumerios comenzaron a establecerse en esos lugares, por las excelentes condiciones de vida que presentaban.

Mucho antes de que los sacerdotes de estas personas emparentadas con los indoeuropeos, hablaran de la creación de la humanidad por parte del dios Ea, en todas esas tribus se aceptaba la existencia de dos únicos principios o elementos, que eran equivalentes en todo, pero opuestos entre sí, hasta en su sexo, un macho y una hembra, a quienes identificaban con los nombres de Apsu, el germen del bien o lo agradable, y Tiamat, el germen del mal o lo desagradable.

Para esa gente que estuvo asentada en un principio, en la ribera derecha del río Éufrates, el bien y el mal se encontraban presentes en partes iguales, en todo, absolutamente en todo, hasta en la especie humana, porque Apsu y Tiamat terminaron juntándose a través de las aguas, que eran los únicos tres elementos reinantes al principio de los tiempos. Sus sacerdotes hicieron este planteamiento desde su llegada, por aceptar que a través de esa unión surgieron los cielos, la Tierra y el resto de las cosas existentes en ellos, incluyendo a sus divinidades primigenias, Anú, Enki y Enlil.

Pese a que esta invención se llegó a conocer por medio de los relatos religiosos dejados por esos personajes del Neolítico, asentados en las tierras de la Media Luna Fértil, sus verdaderos orígenes se remontan varias centurias atrás, en el Mesolítico; pues, surgieron en las mentes de otros ignorantes y astutos habitantes de este planeta, a quienes se les debería catalogar como seudo-sacerdotes, ya que sus actuaciones permitieron la aparición de esos parásitos sociales.

Comenzando todo esto, tras haberse producido los cambios climáticos que les permitieron mejores condiciones de vida a los humanos y a los animales que cazaban, cuando los individuos que se dedicaban a distraer a los cazadores en sus momentos de descanso; contándoles sus experiencias y todo tipo de fábulas que salían de sus fértiles imaginaciones, se esmeraron en plantear la existencia de dos tipos de entidades que desataban dentro de su entorno, las situaciones placenteras o enojosas que ellos llegaban a sentir en esos tiempos.

Estos astutos hombres de la Edad de Piedra procedieron de esa manera, dando las primeras y más absurdas explicaciones que se les ocurrían, sobre las causas de los fenómenos naturales suscitados en los sitios donde vivían. Los razonamientos de esos embaucadores terminaron siendo admitidos como valederos por sus compañeros de clan, porque se dedicaron a inventar otras patrañas con las que engañaron y amedrentaron, a quienes diariamente salían tras las manadas de herbívoros para obtener su preciado alimento, la carne.

Estos cazadores ingenuos eran tan ignorantes como los fabulistas, pero aceptaron sus afirmaciones por el miedo que les llegaron a tener; no se arriesgaban a emitir opiniones distintas a las de ellos, porque todos los que se les oponían, siempre fallecían de forma extraña, o terminaban sucediéndoles todo tipo de calamidades hasta que se retractaran. Como corolario de las actuaciones cometidas por esos hombres, que después se las atribuían a sus ficticias entelequias, fue como esos personajes ganaron prestigio dentro de los primitivos clanes.

Los integrantes de esos grupos hebreos nunca llegaron a prestarle a tención a algo que no fuese distinto a satisfacer sus necesidades fisiológicas, por las condiciones de vida que debieron enfrentar antes de entrar en suelo egipcio. A esto se debe que no conocieran el bien y el mal, de la forma tradicional como lo asimilaron en la mayoría de los pueblos, sino que se acogieron a la manera como lo veían los habitantes de los pueblos medo-persas, a comienzos del siglo V a.J.

Lo adoptaron varias décadas después de haber entrado en contacto con los credos de esa religión dualista, donde se veneraban a los entes de ambos bandos, que terminó siendo desplazada por los credos del Zoroastrismo o Mazdeísmo; donde se prohibió la veneración de los entes del mal, y sólo se permitió las ofrendas a los del bien. Esa organización dogmática que surgió de las explicaciones dadas por Zoroastro, también fue manejada en sus inicios por unos sacerdotes conocidos en esos años, con el nombre de Magos.

Poca gente sabe que antes de esos semitas entrar en contacto con los habitantes de los suelos del nordeste africano, no veneraban a ningún tipo de deidad ni se preocuparon por la existencia de ellas, después de su salida de la Media Luna Fértil. A diferencia de lo expresado en la Biblia, donde se afirma que tras salir Taré, de Ur de los caldeos, llegó a Harán, y en este sitio jehová se comunicó con Abram, como se puede leer en el capítulo 12, versículo I, del libro de Génesis.

Fue estando dentro del país de las pirámides y las esfinges, cuando un grupo mayoritario de ellos conoció algunos relatos acerca de la divinidad implantada por Akenatón, sintiéndose atraídos por ella y por los planteamientos de esa doctrina. Aunque considero prudente que no debo adelantarme en los acontecimientos históricos, y comenzar por el principio, para llevarlo a darse cuenta, cómo fue confeccionado el supuesto padre de Jesucristo.

De no haber sido por los acontecimientos que se comenzaron a presentar en los suelos egipcios, desde la primera mitad del siglo XV a.J, la nación hebrea jamás hubiese llegado a surgir, y menos aún, ese ficticio ente que terminó siendo idolatrado por esas personas. Para mostrarle como se comenzaron a presentar todos esos hechos, cien por cien históricos y no dogmáticos, retrocedamos hasta aquellos tiempos cuando coronaron a un faraón, que ha sido considerado uno de los monarcas más importantes y poderosos de este imperio.

Tras la muerte del faraón Tutmosis II, poco tiempo después de asumir el gobierno, y no haber podido tener un hijo varón con su hermana y esposa, la reina Hatshepsut, quien era la hija mayor de Tutmosis I y su primera esposa. La dinastía que inició Amosis I corría el riesgo de desaparecer una vez más, porque no existía un heredero directo, pues, los dos últimos monarcas sólo procrearon varones con sus esposas secundarias y sus concubinas.

Esto trajo como consecuencia que nombraran como heredero, al pequeño hijo que este difunto tuvo con una de sus concubinas, pero debido a la corta edad de este niño, su madrastra supo encontrar el apoyo de poderosas personas, como el canciller, el sumo sacerdote de Amón; al que también le concedió el cargo de Chaty o Visir, y otros influyentes integrantes de la corte que la ayudaron a colocarse en la posición de corregente.

Después que Tutmosis III alcanzó la edad necesaria para asumir el cargo, debió entablar una feroz lucha contra su madrastra y los aliados de ésta, durante varios años, con el propósito de desplazarla del poder que le había arrebatado descaradamente, violando las leyes tradicionales de ese país. En lugar de casar a su hija con el joven heredero como le habían recomendado desde un principio, si deseaba estar detrás del poder, sin que nadie se percatara, tomó una decisión más drástica, y asumió la posición de quinto faraón de la dinastía XVIII.

Con el paso de los años, esta dama se siguió aferrando a esa posición que venía ocupando dentro del gobierno, tras haber colocado a sus aliados incondicionales en los puestos claves, y al sentirse segura, se negó a devolverle el cargo a este joven, que se decidió por la carrera militar, mientras alcanzaba la edad necesaria para tomar las riendas del imperio. Ante la negativa de esa impostora, tomó la decisión de entrar a formar parte de la organización sacerdotal, hasta alcanzar el más alto rango dentro de los representantes de Amón.

Sólo pudo recuperar lo que le pertenecía, desde su posición como sumo sacerdote, tras controlar el poder clerical, y aliarse con personas influyentes del reino, quienes lo ayudaron a inhabilitar a varios de los funcionarios que habían apoyado a la reina, pero a otros los eliminó junto con sus grupos familiares, para darles un escarmiento a los traidores. Cuando estuvo seguro de haber logrado su propósito, reunió sus ejércitos para dedicarse a conquistar nuevas tierras en el norte y el sur, sumándolas al resto de las provincias para cobrarles tributos.

Como sus poderosas falanges nunca pudieron ser detenidas por ninguno de los contrincantes que enfrentó, siguió avanzando por las tierras de Palestina y Siria, hasta que logró cruzar las aguas del río Éufrates; sometiendo a los pueblos ubicados en esos amplios espacios, que la mayor parte del tiempo se encontraban agitados por las guerras. La sabia actitud asumida con los hombres escogidos como gobernantes de esas ciudades, provocó la primera paz mundial, porque los habitantes de las naciones guerreras se sintieron amedrentados ante la presencia de sus tropas.

Esta situación fue aprovechada por los pacíficos integrantes de una gran cantidad de tribus semitas, que se dedicaban a las labores agrícolas, y se sentían cansados de recibir las consecuencias de los choques armados, porque los triunfadores siempre los obligaban a entregarles gran parte de sus cosechas, en calidad de impuestos. Mientras debían enfrentar esa situación con los gobernantes, los vencidos se transformaban en salteadores que también se apoderaban de una buena parte de sus productos, para poder satisfacer sus necesidades alimenticias.

Desde la primera mitad del siglo XV a.J, casi desde el mismo momento de abandonar esas fértiles tierras, para ir en busca de unos espacios donde pudiesen vivir con tranquilidad, al lado de sus familias, los integrantes de ese heterogéneo mosaico de tribus semitas no encontraron la forma de entenderse, y comenzaron a pelearse entre ellos, al no poderse poner de acuerdo en las rutas que debían seguir. Trayendo como resultado, que varios clanes decidieran separarse del grupo original, para trasladarse hacia los espacios que les parecían más convenientes.

Por décadas se continuó presentando esta situación, porque su intolerancia nunca llegó a permitirles a los jefes tribales o patriarcas, ceder un poco ante la opinión de sus otros colegas. De esa forma fue como esa gigantesca masa humana que decidió dejar abandonados sus cultivos en Mesopotamia, se fue reduciendo cada vez más, con el paso del tiempo, al quedarse muchos de ellos viviendo en esos caminos, al no poder tolerar las imposiciones de sus demás compañeros de viaje.

Quienes continuaron su pesada y agotadora marcha por el sudoeste asiático, no les quedó otra alternativa que dedicarse a vender sus pocas pertenencias, para poder comprar algunos víveres en las poblaciones que fueron encontrando en su travesía. El tiempo que tardaron en llegar a la parte nordeste del continente negro, los llevó a perder sus habilidades en las faenas agrícolas, por estarse desplazando sin descanso alguno, durante poco más de un siglo.

Como necesitaban obtener su sustento diario, y carecían de tierras para cultivar, no les quedó más alternativa que cambiar sus objetos de valor por rebaños de cabras y ovejas, obteniendo en un principio de ellas, leche, carne y pieles. Así fue como los descendientes de esos campesinos se convirtieron en pastores, aunque con el paso del tiempo debieron dedicarse a la comercialización de estos semovientes, en los centros poblados que encontraban a su paso; siendo esta actividad lo que les permitió conseguir otros productos para complementar su alimentación.

El aspecto que fueron adquiriendo estas personas durante su travesía por esos ardientes suelos, se fue haciendo bastante deprimente, porque todo comenzó a girar para ellas, alrededor de esos nobles animales. Las pieles fueron usadas para confeccionar parte de su vestimenta, calzados y hasta las prácticas viviendas que resultaban fáciles de armar y desarmar en poco tiempo; impregnándose los cuerpos de las mujeres y los hombres con el fuerte olor desprendido por los semovientes, porque no tenían agua suficiente para asear sus cuerpos.

A los que se preguntan por qué esa desagradable situación enfrentada por esos clanes llegados al país de las pirámides y las esfinges, no son reseñadas en la mayoría de los Libros de Historia, debo decirles que quienes omiten todas estas cosas, son los tradicionales filibusteros de la escritura que ponen sus plumas al servicio de las religiones monoteístas para apuntalar sus engaños. Espero que esto lo lleve a comprender, porque se sustentan en las fabulosas afirmaciones de la Biblia como si fuesen realidad, citándolas de forma descarada.

La entrada de esa gente a las tierras gobernadas por los faraones se produjo poco tiempo después de Amenofis IV asumir el trono, en los primeros años de la segunda mitad del siglo XIV a.J, dos o tres años antes de desatarse la rivalidad entre este reformador político-religioso y los sacerdotes de las otras divinidades, que se aliaron a los poderosos clérigos de Amón-Ra. Dejaron una desagradable impresión entre los habitantes de esa parte del nordeste de África, que desde un principio llegaron a sentir repulsión ante su presencia.

Por su intolerancia se habían ganado la fama de pendencieros, desde varias décadas atrás. Cuando se acercaban a los centros poblados adonde se dirigían para intercambiar sus mercaderías por los productos que necesitaban, siempre se les impedía ingresar dentro de ellos para evitarse situaciones enojosas; sólo se les permitía el acceso a sus patriarcas, que estaban encargados de llevar acabo las transacciones comerciales de cada uno de sus clanes.

Como resultado del rechazo recibido a lo largo de todos esos años, mucho antes de que lograsen ingresar dentro de las tierras regadas por las aguas del río Nilo, por no tener contacto directo con otros seres humanos distintos a ellos, se transformaron en personas montaraces. La intransigencia y tosquedad de los integrantes de ese pequeño mosaico en el que terminó convertido aquel grupo de tribus salido a toda prisa de la Media Luna Fértil, poco más de un siglo atrás, provocaba frecuentes escaramuzas entre ellos.

Los egipcios eran conocedores de la mala reputación alcanzada por sus visitantes, manifestaban que se comportaban como los animales con los que estaban acostumbrados a viajar todos esos años; siendo eso suficiente para que se refirieran a los recién llegados desde un principio, con un calificativo muy particular y despectivo, llamándolos Habiru. Este vocablo significaba en la lengua de estos hamitas, Cabríos, porque decían burlescamente que los miembros de estos clanes semitas habían adoptado sus mismos hábitos.

¿Está usted en conocimiento que el nombre recibido inicialmente por los integrantes de estas tribus llegadas al país de las pirámides y las esfinges, durante la segunda mitad del siglo XIV a.J, fue el de Hombres Cabra, por el desagradable aspecto que mostraban?

Los filibusteros de la escritura que están al servicio de las religiones judeocristianas, han tratado por todos los medios que tienen a su disposición, de crear la mayor desinformación posible con respecto a esto último. Hacen ver en sus publicaciones, que ese remoquete colocado por los egipcios a ese mosaico de tribus llegado a su país, no se lo dieron exclusivamente a quienes terminaron adorando a Jehová, sino a los diversos grupos nómadas que se desplazaban por las tierras del Creciente Fértil, desde el siglo XX hasta finales del XIII.

Estos historiadores llegan a burlarse del desconocimiento de las personas ingenuas, diciendo que ese mote fue usado por sumerios, hititas, mitanis, acadios y egipcios, pero eso es completamente falso, porque los tres primeros pueblos fueron de origen indoeuropeos, mientras que los dos últimos eran semitas y hamitas respetivamente, y esas tres lenguas eran tan diferentes que no tenían nada en común. Es más, para el siglo XX a.J, la lengua original y aglutinante de los sumerios había caído en desuso, porque fue desplazada por la de los acadios.

Fueron los cananeos y los demás pobladores de la región de Palestina quienes procedieron a llamarlos "Hebreos", poco después de haber entrado en contacto con ellos durante el siglo XIV a.J, mucho antes de que les robaran sus tierras, porque año tras año recorrían sus caminos de ida y vuelta, en la temporada cuando el Delta del Nilo se cubría con sus aguas. Les colocaron este otro sobrenombre, porque esa palabra semita significaba para los pobladores de esa zona, nómadas o gente sin tierra, y como ella no era despectiva, prefirieron adoptar ese nombre.

Los hombres cabra, como continuaron diciéndoles los hamitas a los recién llegados, se guarecían en unos alojamientos que eran muy fáciles de armar y desarmar en poco tiempo; por la forma como vivían no estaban en condiciones de confeccionar casas permanentes. Estas viviendas y las toscas vestimentas que usaban, igualmente estaban confeccionadas con las malolientes pieles de ese ganado, por la protección que les brindaban en las inhóspitas zonas donde debían acampar, al no aceptarlos cerca de las poblaciones, por las razones antes mencionadas.

Al quinto año de haber asumido la posición de décimo faraón de la dinastía XVIII, Amenofis IV decidió cambiar su nombre por el de Akenatón, e intentó imponer a una desconocida deidad a la que llamó Atón o Atén, como única y suprema divinidad del gigantesco imperio. Con esta acción trató de eliminar a los otros entes venerados en este suelo, porque esto le permitiría deshacerse con suma facilidad de los hombres que decían representarlos aquí en la Tierra.

Su primera acción fue mostrar a un ente inventado por él, derivado de otro más arcaico, que fue venerado por sus antepasados más remotos, al que identificaron en sus inicios con el nombre de Atum, el Todo en sí mismo y creador de la humanidad. Había conocido a esa olvidada divinidad, varios años atrás, en su época de príncipe heredero al trono, leyendo unas tablas grabadas en la tradicional escritura de su pueblo, en jeroglíficos, con las que se había tropezado durante uno de sus acostumbrados viajes, cuando se trasladaba por las tierras del Bajo Egipto.

En esos años nadie sabía de la existencia de estos viejos relatos donde se describía a esta entelequia creadora de la humanidad, porque las tablas donde los estamparon fueron ocultadas durante el siglo XXV a.J, como resultado de las órdenes emitidas por quienes se colocaron al frente de la cúpula sacerdotal. Los clérigos heliopolitanos tomaron esa decisión, para implantar a su protector "Ra" como el supremo de su panteón religioso, tras cesantear a muchas deidades más primitivas, aunque al dios Osiris, el protector de la ciudad de Abydos, no lo pudieron hacer desaparecer.

Cuando tradujo la escritura plasmada en esas olvidadas tablas que supo esconder muy bien dentro de la biblioteca de su pusilánime padre, para no despertar ningún tipo de sospechas en esos agresivos clérigos que controlaban el estado egipcio; a quienes no les convenía que se hablara de la creación humana, porque pese a la simbiosis realizada entre los siglos XVIII y XVII a.J, Ra seguía siendo visto como la suprema divinidad solar y el origen de toda forma de vida existente en la Tierra. Esa fue la causa por la que le cambió el nombre al viejo Atum, por el de Tum, Atón o Atén.

Durante los mandatos de los faraones de la XIII y XIV dinastía, llegaron a desatarse una serie de intrigas palaciegas que debilitaron al estado, siendo en esos tiempos cuando los clérigos tebanos encontraron la solución, asociando a Amón con Ra. Antes de presentarse esta situación, el antiguo y temido dios protector de las arenas, sólo era venerado bajo su forma animal, aquel macho cabrío que abrió surcos en las desérticas tierras egipcias para crear el río Nilo.

Amenofis IV también propuso la veneración de un único dios y la eliminación de los demás entes, naciendo "El Monoteísmo" con esa maniobra; al percatarse de la cantidad de adeptos que se sumaban a su novedosa doctrina, se proclamó sumo sacerdote de Atón. Con esa astuta jugada trató de desplazar del más alto sitial religioso de su nación, a quien desempeñaba el cargo de máximo representante de Amón-Ra, porque él y sus secuaces lograron convertir a su padre, el noveno faraón de la Dinastía XVIII, en una marioneta que manejaron a su antojo.

Su inesperada reacción paralizó a los integrantes de la organización clerical por corto tiempo, pues, no se esperaban que este hombre, quien desde su juventud mostró mucho interés por la literatura, al igual que su padre, y les aparentó mucha indiferencia y despego por todo lo relacionado con los asuntos de estado, actuara de esa manera; pero al darse cuenta de las graves consecuencias que para ellos les traería semejante propuesta, decidieron aliarse con sus otros colegas para enfrentarlo con todos los medios que tuvieron a su alcance.

Como esos hombres estaban conscientes de lo que les esperaba si la doctrina monoteísta se llegaba a implantar en ese gigantesco territorio, hasta los representantes de las deidades con menos cantidad de adoradores se les aliaron para contrarrestar la propuesta de Akenatón, al que trataron de infamar desesperadamente con todo tipo de argucias, pero ante su fracaso, lo tildaron de "Faraón Hereje". Presentándose a partir de esos años, una de las mayores crisis político-religiosas de las que se tenga conocimiento dentro de ese país.

Este acontecimiento lo trataron de disimular las nuevas generaciones que dijeron representar el monoteísmo en los tiempos posteriores, porque los Habiru o Cabríos supieron sacarle provecho a este conflicto interno que se presentó entre los hamitas del siglo XIV a.J. Durante esos años fue cuando sus patriarcas tomaron la decisión de entrevistarse con las autoridades nombradas por el hijo de Amenofis III, en el Bajo Egipto, para proponerles el alquiler de unas deshabitadas y fértiles tierras que estaban localizadas en el delta del Nilo.

Así fue como esta gente pudo llegar a conocer y disfrutar de las bondades del sedentarismo, durante ochenta y cuatro años; dedicándose desde el principio a la cría y ceba de sus rebaños, y luego a las labores agrícolas, mientras esos anegadizos terrenos se encontraban libres de las aguas, en la época cuando el vital líquido se desplazaba por su cauce. Abandonando esos paradisíacos espacios para dedicarse a vender sus productos, poco después de iniciarse el período lluvioso; hacían eso año tras año, para no ser arrasados cuando el río se desbordara.

En esas ocho décadas que aparecen reflejadas con mucha claridad en distintas representaciones egipcias, con los nombres de Pi-Tum y Pi-Ramsés-Meri-Amón, fue cuando la mayoría de estos grupos humanos que sólo se habían estado ocupando de traficar con cabras y ovejas, dos tercios de ellos para ser más preciso, comenzaron a prestarle atención a unos factores totalmente distintos a satisfacer sus necesidades más elementales.

Indirectamente entraron en contacto con ese olvidado ente de la segunda mitad del quinto milenio, que fue sacado a la luz con un nombre distinto, por este gobernante que puso todo su empeño en implantarlo. Nadie sabía que en tiempos arcaicos lo consideraron "El Todo en sí Mismo", creador de los humanos, de los oficios y del resto de las cosas conocidas en la Tierra; lo hizo con su corazón, el centro de los pensamientos y los sentimientos.

Amigo lector, antes de continuar no quiero dejarle lugar a dudas, por eso debo decirle que estos dos nombres: Pi-Tum y Pi-Ramsés-Meri-Amón, no representan a las supuestas ciudades donde dizque fueron recluidos los hebreos, mientras vivieron en esta parte del continente africano, esclavizados por uno de los faraones que gobernaron estas tierras, cuyo nombre permanece en el más grande misterio hasta ahora, porque si lo llegasen a mencionar en algún momento, quedaría al descubierto esa otra mentira del libro de Éxodo.

Si investiga un poco con la debida seriedad, se podrá enterar que el cuento de las dos ciudades donde mantuvieron en cautiverio a los ascendientes de los adoradores de Yahvé, forma parte de las gigantescas olas de desinformación generadas por los escritores judeocristianos de los tiempos modernos, con el único propósito de darle una mayor credibilidad a esa ficción dada a conocer inicialmente durante la segunda mitad del siglo VI a.J, después que una delegación de clérigos hebreos entrara en contacto con los hombres de Ciro II, El Grande.

Estas dos referencias fueron dadas a conocer en función de enmarcar el lapso de tiempo, y no los lugares donde ese mosaico de tribus estuvo viviendo en el país de las pirámides, ya que Pi-Tum significa sencillamente: "De la casa del dios Tum"; este es uno de los nombres dados al antiquísimo dios Atum, el creador de la humanidad, según los egipcios, al que igualmente le dijeron Atén o Atón. La otra expresión, Pi-Ramsés-Meri-Amón, se traduce de esta manera: "El gobierno de Ramsés, de la casa del dios Amón".

En vista de lo anterior podemos concluir, que en esas inscripciones los hamitas quisieron decir algo bastante parecido a lo siguiente: Los hebreos se establecieron en el tiempo comprendido entre Pi-Tum y Pi-Ramsés-Meri-Amón. En otras palabras, llegaron cuando el reino estuvo gobernado por la casa del dios Tum, Atum, atén o Atón, y abandonaron ese suelo durante el mandato de Ramsés, de la casa del dios Amón.

Señores judeocristianos no inventen más cosas para mantener a como dé lugar esa jugada política de aquellos sacerdotes hebreos del siglo VI, quienes la realizaron con el propósito de unir a todos los integrantes de sus tribus, después de aquellos acontecimientos que se presentaron tras la muerte del "Sabio Salomón", pues, los espacios ocupados por sus antepasados eran tierras anegadizas en los tiempos de las crecidas del Nilo, y sólo podían ser ocupadas en la temporada cuando las aguas de este largo río corrían por su cauce.

¿Cómo pudieron existir dos ciudades permanentes dentro de esos espacios, que en la época de lluvias quedaban completamente sumergidos en las aguas, y todo lo dejado en ellos terminaba siendo arrasado por sus fuertes corrientes?

El monoteísmo egipcio fracasó, porque la muerte sorprendió a Akenatón, cuando ese conflicto político-religioso se encontraba en su punto más alto. Ante ese acontecimiento que enlutó a la familia real, y no existir un heredero directo para asumir el cargo vacante, su esposa encontró la fórmula para conservar el poder en manos de quienes aceptaban esa doctrina, procediendo a casar a su hija mayor, Meritatón, con un personaje del que casi no se tiene información; pero se especula que fue hijo de Amenofis III y de una de sus esposas secundarias.

Este hombre conocido por el nombre de Semenejkara, era una de las personas de mayor confianza del faraón hereje; desde un principio lo había ayudado a buscar aliados para su causa, y al tomar la decisión de enfrentar a aquellos clérigos que hicieron de la suyas con su padre, lo colocó como su corregente. Al convertirse en el nuevo monarca, tras desposarse con la hija mayor de Akenatón, se puso al frente de la religión, pero duró poco tiempo en el poder, porque sus sanguinarios enemigos lograron asesinarlo, generando bastante miedo entre sus vacilantes aliados.

Para no dejar que los sacerdotes volvieran con sus viejas costumbres, la desesperada reina no vio otra alternativa que unir en matrimonio a su tercera hija, una niña de corta edad a la que llamaban "Anjesenpaatón o Ankesenpaatón", con "Tut-Ank-Atón o Tut-Anj-Atón", un hermano suyo que ha sido identificado por los investigadores de la Historia Universal, como hijo de Akenatón y otra de sus esposas secundarias. A este décimo faraón de la dinastía XVIII, también se le conoce con el nombre de, "El Niño Faraón".

Esa pequeña no tenía edad suficiente para procrear en aquellos días de tensión vividos en la nación egipcia; siendo esta la razón por la que un tiempo antes de contraer nupcias con este joven, jamás pudo haber quedado embarazada de su padre y dizque esposo. Menos aún, haber parido a una princesita fallecida a la edad de tres o cuatro años, identificada como Anjesenpaatón-Tasherit, como lo mencionan en diversas publicaciones, algunos filibusteros de la escritura.

Los esfuerzos de Nefertiti no rindieron los frutos esperados, porque en un descuido, su yerno fue secuestrado y obligado por los fieros clérigos de Amón y sus cómplices, a renunciar a sus iniciales creencias religiosas para someterse a la voluntad de quienes estaban al frente de la vieja doctrina. Creyendo evitar la muerte cuando cayó prisionero, les complació todas y cada una de las exigencias que le hicieron, renunció a su nombre original que significaba, "La imagen viviente de Atón", para colocarse el de Tut-Ank-Amón, esto traducía literalmente a: "Imagen-Viviente-Amón".

Tras ser apresado, sus captores lo condujeron inmediatamente hasta la ciudad de Tebas, el lugar de residencia del sumo sacerdote de Amón, donde este aterrorizado niño que debió ser hostigado por sus custodios, se comprometió a restaurar por parte del estado, los principales templos de los dioses, y suministrarles todo el apoyo económico a los peores enemigos de su padre. Después de haberse iniciado los trabajos de recuperación de esas casas de veneración, y antes de que el niño faraón cumpliera los XVIII años de edad, falleció de forma sospechosa.

Ante las fuertes y despiadadas represalias que continuaron desatando los sacerdotes de los otros dioses, contra los temerosos seguidores del monoteísmo egipcio, porque los primeros contaban con la aprobación de dos personajes fundamentales del gobierno, el respetado general Horemheb, quien supo apoderarse del control absoluto de los ejércitos, y el hombre que verdaderamente administró el país de las pirámides, desde el mismo momento de caer prisionero Tutankatón. A este individuo que se le conoció popularmente con el calificativo de "Ay", era el nuevo corregente.

Todo eso trajo una serie de consecuencias, que fueron astutamente aprovechadas por la mayoría de los jefes de aquellos comerciantes de cabras, aunque por las razones que comprenderá más adelante, éstos supieron comportarse con un bajo perfil ante las nuevas autoridades egipcias, aparentando complacerlos en cada una de sus órdenes, que fueron las siguientes.

Se abolió para siempre esa creencia que había implantado el hijo del faraón Amenofis III, entre los pobladores de las tierras egipcias, volviendo a hacerse presente el politeísmo, y la veneración de las divinidades tradicionales.

Aparte de Tutanjamón morir bajo circunstancias extrañas, su valerosa y aguerrida suegra también terminó desapareciendo misteriosamente y para siempre, de la escena política, pero a su joven esposa que ya estaba en condiciones de procrear, también la obligaron a cambiar su nombre por el de "Anjesenamón o Ankesenamón". Esto sucedió poco antes de forzarla a casarse con su abuelo materno y corregente, Jeperjeperura Ay, para que este ambicioso anciano pudiese encargarse formalmente del gobierno, como el nuevo faraón.

Los temerosos habitantes de la magnífica población construida por Amenofis IV, para establecer en ella la nueva capital de ese país, que era conocida como "La Ciudad del Horizonte" o "La Ciudad de Akenatón", fueron desalojados de forma agresiva por los integrantes de los ejércitos. Antes de esta metrópolis quedar totalmente desértica, muchos inadaptados comenzaron a saquearla hasta que la convirtieron en ruinas, y terminó sufriendo la acción erosiva del desierto.

Entre Jeperjeperura Ay, Dyeserjeperura Horemheb y los miembros de la cúpula clerical, dieron a conocer una Ley, donde plantearon que toda persona sorprendida rindiéndole culto a ese dios de los monoteístas, haciéndole entrega de cualquier ofrenda, o en las cercanías de La Ciudad de Akenatón, debía ser apresada y asesinada, porque había cometido uno de los mayores delitos religiosos que se llegaron a conocer en esos tiempos.

Quedó terminantemente prohibido para todos los habitantes de esas tierras mencionar el nombre dado a esta invención del faraón hereje, que también había sido asociada a la suprema deidad de los heliopolitanos, llamándolo Atón-Ra, y usando como su imagen representativa al disco solar. Se tomó esa drástica medida, para que se fueran olvidando lentamente de la existencia de este ente basado en el dios Atum, desde sus inicios.

La pomposidad dentro de los templos de Amón y en los del resto de las divinidades se recuperó nuevamente, volviendo a alcanzar el primero su sitial de honor dentro de ese gigantesco panteón religioso, mientras que los distintos representantes clericales, no tuvieron ningún inconveniente en controlar a todos los funcionarios gubernamentales; alzándose una vez más con el poder.

Como los patriarcas continuaron cumpliendo con las condiciones que les impusieron los subalternos de Akenatón desde un principio, pagando una parte de sus impuestos en especie, y la otra con sus labores de espionaje, dentro y fuera del territorio egipcio, para informarles de los movimientos que hacían sus posibles enemigos. Los sucesores del niño faraón, que estuvieron subordinados a los sacerdotes de este antiguo protector de las arenas, los dejaron viviendo en esa peligrosa zona que representaba la puerta de entrada de Egipto.

Los últimos dos faraones de la XVIII dinastía, Ay y Horemheb, les ordenaron a los jefes tribales no abandonar la misión que estaban cumpliendo para el estado, en la intranquila región de Canaán y sus alrededores. Para estos monarcas era de vital importancia, vigilar los movimientos de las tropas que se estaban efectuando en sus antiguas provincias, en particular, las de un poderoso grupo de tribus invasoras de origen indoeuropeo, que aprovecharon de acercarse a esta zona, ante esos conflictos internos en los que se vio envuelto el país.

Estos hombres aguerridos que supieron apoderarse de una buena parte de la Media Luna Fértil y Siria, eran conocidos como "Los Hititas". Habían estado viviendo en la península de Anatolia, desde la primera mitad del siglo XVIII a.J, haciendo fuertes incursiones militares y obteniendo aliados a través de la diplomacia, hasta organizar un poderoso imperio formado con ciudades estado, que estaba amenazándolos con invadirlos; la ciudad de Hattusa era considerada su capital, porque los gobernantes de ella eran los más respetados.

Todo esto llevó a los nuevos reyes egipcios a no percatarse de la influencia dejada por los monoteístas en las tribus hebreas, que se desplazaban continuamente hacia sus distintas ciudades para abastecerlos con sus productos. Como los patriarcas de esa gente se supieron conducir con las condiciones implantadas por ellos, pese a no haber llegado a comprender el verdadero propósito de Akenatón, se acogieron a su doctrina, pero manteniéndola en secreto para evitar las represalias que pudiesen tomar en su contra.

Al morir Horemheb, asumió el trono su chaty, un general del ejército al que adoptó como su hijo antes de proceder a nombrarlo corregente, porque este hombre no llegó a tener quien lo heredara. De esa manera fue como este otro militar de edad avanzada se transformó en el nuevo faraón, haciéndose llamar Ramsés I, y fundar la XIX dinastía. Como las pequeñas victorias de sus dos predecesores en ningún momento hicieron retroceder a los aguerridos enemigos de la nación egipcia, él debió continuar enfrentándolos hasta su muerte.

Las tensas condiciones de vida en la región, parecían no cambiar durante los mandatos de Seti I y Ramsés II, hijo y nieto del faraón anterior respectivamente, que intentaron recuperar sus provincias en siria, pero eso no pudo ser posible, por la superioridad de sus enemigos que empleaban el hierro en sus espadas, lanzas y flechas. Aparte de forjar ese duro metal, tenían carros de guerra y una caballería que les proporcionaba gran movilidad, aunque las tropas egipcias también usaban carros, apenas manejaban armas de bronce y madera.

Los ejércitos de estos dos faraones se estuvieron enfrentando en diversas oportunidades a las tropas de la alianza sirio-hitita del rey Muwattali II, hasta que finalmente Ramsés II y el hijo de Mursili II, se llegaron a enfrentar en uno de los encuentros bélicos más sangrientos que se conozca en la historia, llamado La Batalla de Kadesh o Qadesh, que se efectuó durante la primera mitad del siglo XIII a.J, donde ambos jefes creyeron salir derrotados inicialmente, por la gigantesca cantidad de muertes producidas en ambos bandos, y donde el hijo de Seti I casi pierde la vida.

Cuando uno de ellos se enteró de la opinión que el otro había emitido, los dos inmediatamente se declararon vencedores de esa contienda entre los suyos, para tratar de mantenerles la moral en alto a sus guerreros, pero al poco tiempo les ordenaron a algunos de sus representantes que entraran en conversaciones directas con los de sus rivales, con la intención de alcanzar una tregua, pues, no estaban en condiciones de enfrentarse nuevamente; conservando cada quien las posiciones que habían logrado hasta esos momentos.

Transcurridos unos meses de las primeras conversaciones, y después de sus diplomáticos efectuar varios encuentros, acordaron la paz definitiva, casi un año después de esta terrible conflagración. Entregándole el cansado rey Muwattali al faraón, una de sus más jóvenes hijas como prueba de buena voluntad. Esta princesa hitita pasó a convertirse en una de las esposas de Ramsés, muriendo su padre al siguiente año.

Al conocerse los sobrecogedores acontecimientos sucedidos en las inmediaciones de la ciudad de Qadesh, los jefes tribales de los cabríos se asustaron de tal manera, que tomaron la decisión de salir de las tierras donde se encontraban desde su llegada, porque creyeron correr peligro ante un nuevo ataque del rey hitita, quien conservó las tierras controladas por los suyos, mientras veían pasar a las maltratadas tropas de Ramsés II. Jamás se enteraron que esos mandatarios finalmente le pusieron fin a las hostilidades, celebrando un acuerdo de no agresión, y terminaron aliándose.

Todos los jefes comenzaron a reunirse para buscar una solución, por encontrarse viviendo en esos espacios que representaba la puerta de entrada y salida del reino de los faraones hacia el continente asiático. Estaban conscientes que si esos guerreros penetraban dentro del país de las pirámides y las esfinges, serían los primeros en caer masacrados, y no estaban dispuestos a correr ese riesgo; esos encuentros fueron celebrados a espaldas de los dueños de casa.

Ante esos hechos, comisionaron a los patriarcas que salían fuera del territorio egipcio a vender sus productos entre los pobladores del Medio Oriente, para que trataran de localizar unos suelos en los que pudiesen reunirse todas las tribus que permanecían juntas. Sin que los hamitas se percataran, durante unos años, debieron realizar labores de espionaje para ellos mismos y sin llamar la atención, porque estaban buscando con urgencia unos espacios donde todos pudiesen vivir con tranquilidad, sin tener que enfrentar a los hombres de Muwattali.

Espero que ahora comprenda, por qué los grupos cabríos se colocaron inicialmente en la parte occidental de Canaán, evitando en todo momento acercarse a los caminos tradicionales de la parte este, por donde debían trasladarse quienes venían a invadir Egipto. En esos años de la segunda mitad del siglo XIII, en esa parte conocida con el nombre de La Franja de Gaza, ya estaban instalados los clanes filisteos, tras ser rechazados por los egipcios.

Los habiru entraron tranquilamente con sus rebaños en el territorio de los cananeos, como ya estaban acostumbrados a hacerlo durante todos esos años, pero desde un primer momento los dueños de casa se preocuparon por la gigantesca cantidad de tribus que armaron sus tiendas. Al pasar los días sin que llegasen a moverse ni desmontar sus rusticas y malolientes viviendas, una delegación decidió visitarlos, llevándose una desagradable sorpresa; fueron enfrentados con bastante ferocidad, cuando les pidieron continuar su marcha.

No pudieron defenderse debidamente de esas personas sin ningún tipo de experiencia en batallas, por estar enfrentando en esos días una amenaza mayor, a los hombres del mar, ya que podían ser aplastados por estos grupos tribales acostumbrados a la guerra, que además empleaban armas de hierro. Eso los llevo a entrar en conversaciones con los jefes cabríos para no distraerse luchando contra sus tradicionales proveedores de carne, logrando un pacto de no agresión, al prometer los invasores no ocupar nuevos espacios, y quedarse tranquilos donde estaban.

Los patriarcas se aprovecharon de esa situación para dedicarse a efectuar con la mayor tranquilidad, sus primeros ejercicios de guerra, porque fueron subestimados por sus anfitriones, quienes cometieron el error de no mantenerlos vigilados. Al poco tiempo se agruparon en una especie de asamblea que los dirigiría en sus futuros enfrentamientos contra los cananeos, la cual fue presidida por uno de ellos, que actuaría como el director de esa organización político-militar.

Después de sentirse preparados para enfrentar a los cananeos, los atacaron con éxito, propinándoles una derrota tras otra, por estar muy debilitados con la guerra que mantenían contra los filisteos, y no estar en capacidad de pelear en dos flancos distintos. En cada uno de estos encuentros bélicos que se iban presentando, siempre les arrebataban una parte de su territorio, pues, entre ellos y sus enemigos que avanzaban por el sudeste, poco a poco fueron desgastando a esa gente.

A medida que iban ganando más espacios en Canaán, se sentían más confiados en la organización rectora de sus destinos, luego procedieron a entregarle nuevas funciones a esa asociación patriarcal, para que también actuara como tribunal, encargándose de impartir justicia en las situaciones donde se involucraban los miembros de tribus distintas; por eso llamaron Juez, a quien estaba al frente de esa organización político-militar. Los desacuerdos que se presentaban entre los integrantes de un mismo clan, siempre eran resueltos por cada uno de sus jefes.

El desempeño de todos esos funcionarios no era vitalicio, y desde sus inicios fueron electos por consenso, por eso la mayoría pertenecieron a los clanes que simpatizaron con la doctrina implantada por el faraón Akenatón; estos grupos representaban dos tercios de ese mosaico. Cada uno de sus triunfos sobre los cananeos se los fueron atribuyendo a ese ente sin nombre ni imagen, que cada quien percibió a su manera, por haberlo mantenido en secreto, para no enfrentar las represalias que los sacerdotes egipcios pudiesen tomar contra ellos.

Con el paso de los años, en cada familia se escuchaba este tipo de relatos que narraba el patriarca, alcanzando más fuerza el monoteísmo dentro de estas tribus, porque esa desconocida entelequia que los protegía, supuestamente estaba al lado de ellos durante sus combates contra los cananeos. Así se estuvo manteniendo esa situación con respecto a sus creencias, sin que los demás jefes les prestaran atención a lo acontecido internamente entre sus vecinos.

Al elegir a su quinto jefe político-religioso, a quien sencillamente le decían juez en esos días, ya se sentían imbatibles; siendo eso aprovechado por este astuto funcionario, ¿Gedeón?, para reunirse exclusivamente con sus colegas monoteístas, dejando a un lado a los demás integrantes de la federación. En este encuentro de índole religioso, los convenció para que asistieran y patrocinaran un próximo conclave, con una mayor cantidad de asistentes, pues, quería ser aceptado por todos como el sumo sacerdote de ese ente protector.

Ese personaje se había dedicado a buscar aliados entre los integrantes de cada una de estas tribus, a quienes les prometió recompensarlos muy bien, si eran capaces de convencer a cada uno de sus patriarcas para que participaran en ese encuentro. Su propósito fue organizar el primer movimiento religioso de los hebreos, el cual se basaría en la veneración de una única deidad, que para esos años de finales del siglo XIII a.J, carecía tanto de imagen como de nombre.

Ante el resultado obtenido en ese primer encuentro, pese a no haber asistido todos los jefes que se sentían atraídos por el monoteísmo, cumplió su palabra, gratificando a todos sus aliados, con los que se comprometió a nombrarlos como únicos representantes de esa entelequia, dentro de la tribu a la que cada uno de ellos pertenecía. Después de realizado ese encuentro donde no se invitó a quienes tenían otro tipo de creencias, el anfitrión no se quedó con los brazos cruzados, sino que insistió en la búsqueda de más aliados.

Les solicitó apoyo económico a los presentes en la primera reunión, para poder recompensar a los sacerdotes; esos hombres que lograban convencer a sus patriarcas a participar como invitados. El método usado por este juez para conseguir los recursos necesarios para su causa, fue a lo que se le terminó llamando "Diezmo", con el paso del tiempo, porque cada cabeza de familia debió donar el equivalente al 10% de sus ingresos, como gravamen religioso a los seguidores de esta creencia, pero en varias oportunidades se lo cobraron a los no monoteístas.

¿Estaba enterado del origen de este impuesto religioso que en la actualidad es exigido por muchos de esos parásitos sociales, quienes llenan sus bolsillos con el esfuerzo de esas personas ingenuas que pertenecen a algunas de las organizaciones monoteístas?

Fueron varias reuniones en las que debieron participar el juez y los jefes tribales monoteístas, aumentando cada vez el número de participantes, porque los asistentes quedaban registrados como invitados permanentes para participar en las venideras; trabajaban en la organización y entregaban sus donaciones, apoyando de esta manera el proyecto de este hombre. Cuando consideraron que habían terminado de estructurar su rudimentaria institución religiosa, el anfitrión procedió a convocar a sus cofrades para acudir a un nuevo encuentro.

Por las condiciones que presentó este fastuoso evento, solamente pudieron participar los patriarcas y el juez, quien fue reconocido públicamente como el sumo sacerdote de ese dios desconocido, en este evento llamado por los asistentes, "La Celebración del Pacto" o " La Celebración de la Alianza de los Monoteístas". Pese a la injusta actuación que mantuvo este individuo contra los jerarcas de los grupos minoritarios durante todo ese tiempo, quiso que todos los cabríos sin excepción, los siguieran reconociendo dentro de ese gran conglomerado de tribus, como su juez y el único jefe político-militar.

Ante semejante acontecimiento, los jefes politeístas no tuvieron más alternativa que abandonar esa organización creada inicialmente para defenderse de sus enemigos, porque ese hombre ambicioso les había ordenado a sus aliados que dejaran de verlos como sus hermanos de lucha, y se apartaran de ellos, por no estar dispuestos a satisfacerle su capricho; renunciar a las creencias que conocieron fuera de Egipto y dejar de venerar a esas deidades, que si tenían nombres e imágenes. Actuó de esa forma, en represalia por no haberle aceptado su arbitrariedad.

Mientras estos personajes analizaban las posibles consecuencias de esta nueva realidad que se les estaba presentando, los creyentes en la doctrina ideada por Akenatón continuaron festejando esa jugada hasta el amanecer, considerándola su más grande victoria. Terminada la velada, todos los enseres de oro y plata confeccionados especialmente para esa celebración, fueron recogidos por los sacerdotes que se encargaron de atender a los comensales, y después de limpiarlos con esmero, los depositaron dentro de un cofre de madera.

La desunión siempre estuvo presente entre los hebreos, pero se hizo más evidente cuando algunos jefes tribales que participaron en la jugada del juez, fueron comisionados para fabricarle una imagen a su desconocida divinidad; no pudiendo llevar a cabo este nuevo encargo, al no ponerse de acuerdo en las características que ese ente debía tener. Una vez más, esos hombres intransigentes trataron de imponerles su voluntad a sus colegas, sin respetarles sus opiniones, generándose una gran tirantez entre ellos, hasta afectar a los integrantes de sus facciones.

Su tozudez no les permitió pensar en las consecuencias que produciría un enfrentamiento de ese tipo, porque su poderío bélico había disminuido considerablemente, tras la abrupta separación de los clanes politeístas que se sintieron traicionados; aunque el sumo sacerdote sí se percató de la magnitud de esa pugna originada entre quienes compartían su misma doctrina. Amenazaban con enfrentarse una vez más, como sucedió en diversas oportunidades, desde mucho antes de establecerse en aquellas fértiles tierras ubicadas en el Delta del río Nilo.

Ante los desenlaces generados por la misión encomendada a los líderes de esos grupos, este astuto hombre que no llegaba a encontrar una fórmula salvadora para calmarles los enardecidos ánimos a sus correligionarios, que estaban a punto de poner en riesgo la seguridad de todos. Sin llegar a perder la calma, los invitó a participar en otro cónclave, haciéndoles creer a quienes deseaban imponerle a los suyos una única deidad para ser adorada, que ese ente les había enviado un mensaje, ordenándoles no construirle ningún tipo de imágenes para representarlo.

Como ese hombre que había dejado de lado su imparcialidad, le estaba prestando más atención a su cargo religioso, que al político-militar, ordenó la confección de una carpa con varias de las pieles que les quitaban a los cuerpos de sus sacrificados semovientes, las cuales fueron teñidas para mostrar una apariencia totalmente diferente a sus habitáculos. Ese toldo tenía unas dimensiones mucho más grandes que sus tradicionales viviendas, el cual fue decorado con unas rusticas y coloridas cortinas de tela, al que le dieron el nombre de "Tabernáculo".

Mientras unos hebreos se encargaban de trabajar en todo lo relacionado con ese grande y vistoso entoldado que se distinguiría de las demás tiendas, unos carpinteros fabricaban a toda prisa un nuevo baúl de madera, mucho más elaborado que el primero, al cual le colocaron como adorno algunas incrustaciones de metal. Resultando este recipiente más atractivo, donde luego procederían a guardar todos aquellos valiosos utensilios que habían sido empleados en la fastuosa celebración; a ese cofre lo llamaron "El Arca del Pacto" o "El Arca de la Alianza".

Varios meses después de completarse todas las obras mandadas a hacer por la máxima autoridad de los monoteístas, el tabernáculo fue levantado en donde estaba establecida la tribu del sumo sacerdote. Colocaron dentro de la parte más espaciosa de esa tienda, a la que dividieron en dos secciones por las coloridas cortinas, el altar, las lámparas, las gradas y el resto del mobiliario para que los sacerdotes realizaran los rituales; pero en el otro espacio que era más reducido, ubicaron el arca, y manifestaron que era el santuario donde habitaba su invisible dios.

Cuando ya habían transcurrido muchas décadas de aquel supuesto mensaje enviado por esa extraña entelequia, gran parte de sus seguidores se sentían bastante incómodos con las continuas y burlescas opiniones emitidas por quienes no se identificaban con sus credos, tras no saber qué respuestas darles a sus insistentes preguntas. No sabían quién era realmente ese ente protector, al que sus padres y abuelos adoraban como único y verdadero ser de las alturas o los cielos, si carecía de una imagen para poderlo identificar.

Al no encontrar sus sacerdotes una explicación satisfactoria para calmarlos, fue cuando al sumo sacerdote de esos tiempos se le ocurrió decirles a quienes ya no estaban muy convencidos en aceptar ese supuesto mandato enviado por Jehová o Yahvé, que todos ellos, desde los patriarcas hasta el último miembro de sus tribus, estaban en la obligación de respetar y proteger la caja de madera que se encontraba en el santuario, porque ella era la prueba fehaciente del pacto celebrado con ese ente de ficción; siendo él su máximo representante aquí en la Tierra.

Espero que ahora usted pueda comprender con mayor claridad, toda una serie de situaciones que los actuales monoteístas se han empeñado en ocultar, por los motivos que ya le he mencionado en otras oportunidades. Éstas son las siguientes.

Las razones por las que esos toscos e ingenuos habitantes del pueblo hebreo fueron engañados durante los últimos años del siglo XIII a.J, para que adoraran a esta invención sin una imagen para representarlo. No se olvide que este ficticio ente estuvo sustentado inicialmente en Atén o Atón, la deidad ideada por el décimo faraón de la dinastía XVIII, quien se apoyó en unos antiquísimos relatos dejados por sus antepasados, donde se mencionaba al dios Tum o Atum, el creador de los hombres y de todos sus oficios, de acuerdo a los egipcios.

Las causas que provocaron el origen de El Arca del Pacto, y la trastada que debió cometer uno de los jueces posteriores, para que esa ornamentada caja terminara convirtiéndose en el mayor y más sagrado símbolo religioso de todas estas cándidas personas, de fines del siglo XIII o comienzos del XII a.J, cuyos antepasados fueron identificados por los hamitas, durante su comparecencia en esas tierras, con el calificativo de Habiru.

Aunque si investiga los distintos sucesos en los que se vio envuelto este cofre, desde su secuestro a manos de un grupo de avanzada filisteo, también comprenderá por qué esos individuos que venían actuando con la mayor arbitrariedad, terminaron perdiendo el control político-militar que tenían sobre sus correligionarios, a quienes no les quedó otra alternativa que aliarse nuevamente a sus hermanos politeístas, y elegir a otro tipo de funcionario encargado de conducir a sus hombres en las batallas, al que erróneamente han llamado Rey, ante la posición asumida por el esposo de una mezquina mujer identificada con el nombre de Betsabé, y sus herederos.

Esa primera caja construida durante el siglo XIII, fue destruida después de ser desvalijada, cuando ese reino gobernado por el "sabio" hijo de David quedó dividido en dos partes, después que los seguidores de un patriarca politeísta llamado Jeroboam I, arribaron a estos suelos acompañados por las tropas hamitas para liberar a los suyos, saqueando el templo de Jerusalén y apoderándose de todo ese valioso contenido depositado en ella. Por eso deberíamos preguntarnos, qué había dentro de ese segundo baúl desaparecido después de la llegada de las tropas conducidas por Nabucodonosor II.

Tras su liberación de Babilonia por parte del rey Ciro II, durante la primera mitad del siglo V, los clérigos judíos de esos tiempos, ordenaron fabricar una tercera arca, introduciendo en ella aquellas famosas tablas de piedra, ¿Las Dos Tablas del Testimonio?, cuya autoría se le atribuye a la deidad hebrea, que debieron ser escritas nuevamente por el expósito Moisés; siendo esta última caja, la que terminó desapareciendo a manos de los soldados del imperio romano, en el año 70 de nuestra era, que estaban al mando de Tito Flavio Vespasiano, mejor conocido como "Tito".

Este otro baúl incautado por los romanos era mucho más lujoso que los cofres anteriores, sobre él estaba colocado un nuevo símbolo religioso que fue dado a conocer casi VII siglos más tarde, llamado "Menorá". Este era un extraño candelabro de siete lámparas que estaba confeccionado en oro, en cuyos brazos estaban grabados los símbolos que identificaban a las 12 tribus monoteístas, de las 18 que se establecieron en Egipto.

Este objeto del que nada se sabía hasta la segunda mitad del siglo VI a.J, pese a lo reseñado en el libro de Levítico, capítulo 25, versículos del XXXI al XL, y en el capítulo 37, versículos del XVII al XXXIV, era un candelero bastante lujoso que estaba confeccionado en oro. Su forma original trataba de imitar a un árbol, por eso sus brazos fueron confeccionados en forma de semicírculos, que estaban decorados con hojas, flores y frutos, como se puede apreciar en los relieves del Arco de Tito.

Los cambios que sufrió Jehová

Como resultado de haber seguido las recomendaciones de ¿Gedeón?, los sucesores de este personaje que se autonombró sumo sacerdote de ese desconocido ente, sólo pudieron mantener sus tradicionales posiciones político-militares, entre los clanes de los partidarios de esa doctrina que conocieron en el suelo egipcio, porque los jefes de esa gente ingenua fueron convencidos por este personaje deseoso de transformarse en su máximo representante religioso, para que se colocaran a la mayor distancia posible de sus hermanos politeístas.

Desde antes de llegarse a realizar ese recordado pacto de quienes dirigían estos grupos, sus colegas que estuvieron negados a complacer los caprichos del quinto juez, por parecerles una majadería que no estaban dispuestos a aceptar de ninguna manera, fueron mal vistos por el cabecilla de esta singular asamblea, identificada por algunos autores de los libros de historia, como "El Primer sanedrín", pese a no inmiscuirse en los asuntos religiosos, por no estar organizado todavía en ese punto en particular, pero sí lo hizo en el ámbito civil, en el político y el militar.

Al fracasar en su intento de convencer a los jefes politeístas a desistir de sus credos, ese sujeto electo por la mayoría de los otros patriarcas para cumplir distintas funciones en esa agrupación, se valió de artimañas para engañar a quienes no vacilaron en participar en las reuniones organizativas de esta naciente religión, sustentada en el proyecto fundamental del faraón Amenofis IV, para que se fuesen alejando de estas personas, hasta dejarlas abandonadas a su suerte.

Tras congregarse los jerarcas en esta nueva asociación patriarcal de finales del siglo XIII a.J, que ahora era de índole teocrática, lo más importante para los integrantes de esos clanes terminó siendo esa desconocida deidad carente de forma, identificada por una parte mayoritaria de los jerarcas de este mosaico de tribus semitas, como su ente protector y único dios verdadero, al que todos estaban obligados a reverenciar, y ofrendarlo a diario.

Empezando este proceso poco tiempo después de haberse producido ese inolvidable encuentro, donde sus asistentes terminaron comprometiéndose formalmente con ese ambicioso juez, jurándole lealtad a la doctrina monoteísta. Realizado este pacto, que se comenzó a gestar a espaldas de los patriarcas de los grupos minoritarios, por las razones ya mencionadas, todos sus concurrentes hicieron votos para tratar de mantenerse unidos en todo momento, alrededor de esa causa religiosa.

Las familias conducidas por estos personajes aceptaron a este ser de ficción, sin problema alguno, pues, desde un principio escuchaban diversos relatos donde les dejaban ver, que sus triunfos sobre los cananeos se debían a él, por haber estado a su lado, conduciéndolos y protegiéndolos en sus diversos encuentros armados donde participaban. Sucediendo esto en cada una de las tribus, después de haberse iniciado sus enfrentamientos con los habitantes de ese suelo.

Los patriarcas les daban este tipo de explicaciones a los suyos, para generarles una mayor confianza en sí mismos, por no estar acostumbrados a las guerras, siendo aceptados todos estos relatos como valederos, porque la ingenuidad de esa gente no le permitió apreciar la verdadera causa de cada una de sus victorias en batalla. No comprendían que las tropas cananeas se sentían muy debilitadas por estar luchando contra los filisteos; a estas mentiras contadas sin mala intención al principio, fueron a las que ese juez embaucador supo sacarle provecho.

Por eso nunca llegó a importarles la suerte que llegaran a correr los grupos minoritarios a manos de sus enemigos en común, los dueños de casa y los filisteos, por no haber renunciado a sus falsos credos y venerar a unos entes distintos a Jehová, quien ya venía siendo mostrado ante ellos como el único y verdadero dios. Durante estos años de comienzos del siglo XII a.J, parecían haberse olvidado que los padres o abuelos de esta gente con credos diferentes a los de ellos, fueron quienes apoyaron a los suyos para establecerse dentro de estas tierras.

A falta de una figura para mostrarles su divinidad a los miembros de las tribus monoteístas, los herederos de ese astuto hombre que implantó los diezmos, y supo hacer de las suyas para organizar la institución dogmática de los cabríos, también actuaron con sagacidad. Manejando a los seguidores de la doctrina monoteísta con esta habilidosa y engañosa maniobra, donde la deidad protectora les había prohibido a sus seguidores hacerse alguna imagen de él, hasta que terminaron aceptándola como uno de sus dogmas más importantes.

Con el paso de los años, los ingenuos habitantes de estas tribus continuaron siendo engañados con nuevas tretas por quienes decían ser los máximos representantes de esta misteriosa deidad, para que siguieran aceptando a esa decorada obra de carpintería, costeada con los aportes entregados por los patriarcas al quinto juez, como la prueba del pacto celebrado entre Jehová y todos los invitados a participar en el evento organizado por ese taimado y ambicioso hombre.

Aparte de sus ayudantes de confianza, nadie más se enteró que la presunta orden dada por el dios Yahvé a aquellos intolerantes hombres que estaban comisionados para confeccionarle su figura, había sido inventada por el creador de ese impuesto religioso, en un momento de desesperación, porque estos seres insensatos estuvieron a punto de llevar a su gente a un choque armado, y provocar una nueva escisión en ese mosaico, que inexplicablemente parecía estar cohesionado desde su llegada a Egipto, aunque sin llegar a fusionarse en una verdadera nación.

En esos momentos debió recurrir a esta salida ingeniosa para mantener juntos a los seguidores de la doctrina monoteísta, en un bloque que a primera vista era monolítico. El subterfugio usado por este astuto personaje fue divulgado en toda la región, y le resultó beneficioso en el ámbito político, en el militar y en el religioso, porque los filisteos y los cananeos, sus únicos enemigos para la fecha, fueron muy cautos al actuar, cuando llegaron a enterarse que los habitantes de las doce tribus se mantenían unidos, por eso evitaron lanzar ataques directos contra ellos.

Aparte de haber evitado nuevas escaramuzas y más escisiones entre los intolerantes jefes de estos grupos tribales, para no ser aplastados con facilidad por cualquiera de sus dos poderosos enemigos, jamás pensó que su ocurrencia terminaría siendo aceptada como uno de los dogmas fundamentales de su religión, porque los individuos comisionados para efectuar la tarea que les encomendó, creyeron ciegamente en el presunto mensaje enviado por su dios, y autorizaron a todos los sacerdotes de sus tribus a dárselo a conocer al resto de los ingenuos pobladores.

Todas las otras acciones artificiosas ideadas por los sucesores de ese juez, quien no encontró una alternativa distinta a recurrir a la mentira para evitar nuevas desavenencias y un rompimiento de grandes proporciones entre las tribus monoteístas, fue como los descendientes de los habiru o cabríos fueron aceptando a esa divinidad sustentada en las creencias dadas a conocer por Akenatón, sin tener la más mínima idea de cómo era esa entelequia.

Habiendo sometido finalmente a estas cándidas personas, a las últimas invenciones perpetradas por los jefes clericales, se procedió inicialmente a venerar a ese misterioso ente de la manera tradicional, como lo hacían los sacerdotes de los otros dioses. Aunque se diferenciaban de ellos, porque quemaban las ofrendas sobre un altar portátil ubicado dentro de su transportable templo, que se vieron obligados a trasladar en distintas oportunidades, por razones de seguridad, e impedir que fuese destruido o cayera en manos indebidas.

Momentos antes de proceder con la quema de las ofrendas, los encargados de realizar los rituales se dedicaban a levantar parte de las pieles y las cortinas de esa carpa, para que el humo emanado por ellas se elevara a los cielos y no se quedara encerrado. Mientras eso sucedía, a ningún asistente a esas ceremonias se le permitió entrar al santo lugar donde estaba el cofre; ni los clérigos de más confianza de cada sumo sacerdote estaban autorizados a acercarse a él, durante los actos públicos.

Después de celebrado ese evento donde el quinto juez logró salirse con las suyas en todas y cada una de las imposiciones que se les ocurrieron, la situación en la que se encontraba este mosaico de tribus cambió para siempre. Este cargo que al principio lo habían desempeñado los patriarcas anteriores, por el tiempo estipulado por los integrantes de la asamblea patriarcal, perdió la caducidad durante su gestión, para tener la condición de vitalicio, porque el elegido terminó siendo aceptado entre los suyos, como el supremo representante de este ente sin imagen.

Como los caprichos de ese caradura se consideraron órdenes enviadas por su representado, todas esas personas que se mantuvieron fieles al politeísmo, fueron vistas con indiferencia por los veneradores de este ficticio ser, que de acuerdo a la explicación de este hombre, habitaba en aquel lugar sagrado donde estaba ubicado el Arca del Pacto. Esas fueron las razones por las que se desentendieron de sus hermanos en las décadas posteriores a su fallecimiento, cuando los poderosos guerreros de las tribus filisteas los atacaron con ferocidad.

Estos hombres de posible cultura minoica, que fueron vencidos por las tropas de Ramsés II, antes de presentarse la Batalla de Kadesh, fueron los únicos enemigos que tenían los cabríos en esos años, tras haberse deshecho de la amenaza de los cananeos. En las oportunidades cuando los jefes politeístas les pidieron apoyo para enfrentarse a los hombres del mar, los jueces de turno siempre les exigieron unirse a su nueva confederación de tribus; para eso tenían que renunciar a sus creencias, aceptar sólo a ese dios sin imagen y pagarles los impuestos religiosos con carácter retroactivo.

Como los politeístas debieron mantenerse en zonas distantes, sin acobardarse ni rehuirle a los combates, siempre se llevaban la peor parte, por enfrentarse a este enemigo tan poderoso. Los jefes de las otras tribus que habían sido sus antiguos aliados cuando salieron de los territorios egipcios, tenían orden de hacerse los desentendidos, pese a que ellos les habían propuesto invadir esas tierras, por ser quienes conocían la verdadera situación que enfrentaban sus habitantes; pues, año tras año se desplazaban por estos suelos y más allá, vendiendo sus productos.

Como los filisteos no podían ser detenidos por sus débiles contendientes, sus grupos de avanzada se alejaron de la costa para incursionar en la parte oeste de Canaán, llegando a los suelos de la actual Cisjordania, donde los integrantes de la tribu a la que pertenecía el juez de turno, ¿Eli? o ¿Samuel?, se sentían seguros ante una posible incursión de los hombres del mar. Su confianza era tal, que sólo se percataron de la presencia del enemigo cuando era demasiado tarde para organizar la defensa, siendo esa la causa por la que debieron huir a toda prisa y sin poder llevarse el tabernáculo ni lo que había en él, para evitar que los masacraran.

Durante ese ataque fue tomado ese cajón como botín de guerra, no por el significado religioso que tenía para los cabríos, sino por la cantidad de objetos de oro y plata que se encontraban dentro de él. Esa pérdida desmoralizó a los monoteístas cercanos al juez, quien no encontró una respuesta satisfactoria para explicarles, por qué motivo su invisible deidad no los había advertido ni protegido de ese brutal ataque lanzado contra ellos, sirviéndoles eso de lección para que se dieran cuenta de su vulnerabilidad.

Cuando la noticia llegó a oídos del resto de sus correligionarios, la credibilidad de este acobardado líder militar-religioso cayó por el subsuelo; ni sus compañeros de las tribus más cercanas, que en un principio sintieron mucho respeto por él, se sintieron dispuestos a seguir cualquiera de sus sugerencias, no sólo por haber rehuido al combate, sino por abandonar su único símbolo de fe para esos tiempos. El descontento y ofuscamiento de esa gente no les permitió percatarse en esos días, que este acontecimiento terminaría resultando provechoso para todos.

Ante la cobardía de ese individuo que sólo se llegó a preocupar por la seguridad de sí mismo, y no por los demás integrantes de la confederación, también llegaron a sentirse abandonados por su dios protector, Jehová. Ante ese desmoronamiento que se produjo entre ellos, recurrieron a los distintos jefes de los grupos politeístas; rogándoles encarecidamente volverse a unir para formar un mosaico similar a cuando vinieron de Egipto, por temor a ser exterminados por esos grupos tribales llegados del mar, que se apoderaron del Arca de la Alianza.

El acuerdo alcanzado por los jefes de estos distanciados grupos, le trajo consecuencias no deseadas a este individuo que terminó perdiendo todo su poder político-militar, y la credibilidad como sumo sacerdote de ese dios sin imagen, entre sus fieles creyentes. La principal exigencia de quienes estaban negados a aceptar a esa deidad, fue que se eligiera por unanimidad a un nuevo patriarca, para colocarlo frente a sus desorganizadas y desmoralizadas tropas.

Varios días antes de hacerse realidad la reunión donde se efectuaría el pacto entre los integrantes de ambas doctrinas, los filisteos se percataron de las posibles consecuencias que les traería la unión de esos jefes hebreos, al recibir informaciones de sus distintos grupos de avanzada, que desde bastante tiempo atrás se encontraban diseminados por las regiones ocupadas por éstos, en misión de espionaje, para informarles a los líderes de sus grupos armados, las fortalezas y debilidades que pudiesen llegar a presentar cada uno de los clanes de sus adversarios.

Así había sido como se estuvieron enterando de los movimientos que efectuaban estos engreídos individuos que se creyeron intocables ante la protección de su desconocido dios, pero que ahora se encontraban temerosos por creerse abandonados por él, ante la cobardía de quien estuvo al frente de la máxima jefatura religiosa, y de esa cosa que pudiésemos decirle en estos tiempos, el Estado Mayor de las tropas monoteístas.

Estas personas que tenían un sistema de gobierno dirigida por cinco jefes principales de igual rango, comprendieron el error cometido por los integrantes de esa tribu que se apoderó del símbolo de fe de los judíos; por eso se apresuraron a enviarles emisarios para devolverles su preciado y único objeto de adoración para aquellos años del siglo XII, con todo, absolutamente todo su valioso contenido, para tratar de evitar que se produjera esa alianza a como diera lugar, porque si esa situación se llegaba a presentar, se harían más difíciles de derrotar.

A pesar de esta acción desesperada de los líderes filisteos, no les fue posible alcanzar su propósito, porque en los días posteriores a la devolución de su símbolo de fe, los hebreos se lograron reunir para celebrar uno de esos encuentros tan temidos por los hombres del mar. Desde su primera conversación, los politeístas pusieron las cosas en claro, no dejándoles más alternativa a los monoteístas que aceptar a regañadientes sus justas peticiones, porque estaban dispuestos a formar una nueva coalición para enfrentar con éxito a sus enemigos.

Después que los patriarcas efectuaron varios encuentros y muchas discusiones donde se aceptaron los errores cometidos, los hombres que se sentían más encolerizados con las consecuencias dejadas por esa posición asumida por el sumo sacerdote, se comprometieron a poner en su lugar a los clérigos del dios Jehová, que pretendían continuar manejando con sus jugadas de aquellos tiempos, a los medrosos y cándidos integrantes de sus clanes. Luego procedieron a elegir a un individuo llamado Saúl, como el nuevo jefe militar.

Al comisionado de comandar las tropas hebreas, le concedieron la facultad de conducir únicamente a los hombres que estaban en capacidad de manejar las armas, pero debía atender la recomendación dada por todos los jefes tribales, quienes eran los encargados de aportarle todo el material humano y la logística necesaria, pero jamás le permitieron que actuara dentro del ámbito político, y menos aún en la parte religiosa, para no cometer los mismos errores del pasado.

Este comandante del nuevo ejército de los descendientes de los cabríos, que ahora contaba con la participación de los integrantes de los grupos minoritarios, no pudo alcanzar grandes victorias durante su gestión, porque las decisiones tomadas por este valeroso personaje, que si se había preocupado por tratar de comprender los movimientos de sus enemigos, debían ser aprobadas previamente por ese concejo patriarcal, de lo contrario, no le autorizaban su ejecución.

Semejante situación lo mantuvo prácticamente con las manos amarradas, pudiendo vencer al enemigo en encuentros de poca importancia, pero esos retrasos llegaron a incomodar a sus impacientes hijos, que fueron mal asesorados por los clérigos del monoteísmo para que lanzaran un ataque frontal contra esos aguerridos individuos portadores de armas de hierro. Trayendo como resultado, una de las peores derrotas sufridas por esta gente, que ha sido calificada de matanza filistea por muchos estudiosos de las guerras, por no haber dejado ningún sobreviviente en esa batalla.

A los pocos días de conocerse lo sucedido, Saúl se suicidó por haber caído en una gran depresión, generándose una mayor conmoción entre los jefes de las tribus, por todo lo que les había acontecido en tan corto tiempo. Hasta los más fogueados llegaron a incomodarse, por la carnicería cometida contra esos impetuosos e inexpertos jóvenes que fueron emboscados, por no haber tenido un poco de sentido común, y tomar las debidas precauciones en estos casos, por creerse acompañados y conducidos en todo momento por su poderoso dios, que venció a los cananeos.

Colocándose al frente de las tropas por cuenta propia, para evitar una desbandada entre la asustada población, otro experimentado hombre de armas, llamado David, quien finalmente pudo reorganizar a los combatientes y ganarle la guerra a los filisteos. A comienzos de la primera mitad del siglo X a.J, su bien entrenado ejército logró extender sus dominios por una amplia zona de Palestina, llegando a apoderarse de una parte de los territorios pertenecientes a la vecina Siria, obligando a los habitantes de esos suelos a pagarles tributos.

Para esos días, cuando la paz comenzaba a sentirse entre esa gente, pese a los innumerables esfuerzos que realizaban infructuosamente los sacerdotes del monoteísmo dentro de sus clanes, su máximo líder y sus aliados más cercanos, no habían podido aproximarse y menos aún controlar al nuevo jefe de las milicias, aunque sus subalternos trataban de ganarse la confianza de los anteriores adeptos, con otros engaños para desacreditar al politeísmo. El propósito de los religiosos era recuperar nuevamente la influencia que tuvieron en las áreas políticas y militares, en los tiempos de los jueces.

Ante el fracaso de la cúpula, varios sacerdotes de menor rango que fueron ganando terreno entre los más ingenuos, procedieron a adular al sucesor de Saúl, presentándolo como el elegido de su dios, para convertirlo en su incondicional aliado. Estos charlatanes lograron acercársele, siguiendo las órdenes de sus superiores que se aliaron a una de sus concubinas, llamada Betsabé, quien supo emplear con astucia, los atributos con los que la naturaleza embelleció su escultural cuerpo, para someter a los individuos pertenecientes al sexo opuesto, induciéndolos a hacer su voluntad.

Más adelante espero que llegue a comprender, por qué todos los funcionarios de su gobierno y los integrantes del ejército, poco tiempo después de colocarse David en la posición de gobernante de esas tribus, sólo fueron seguidores de la doctrina monoteísta. Esta otra situación tampoco la han llegado a tratar en los libros de los religiosos de las nuevas generaciones, sino que sólo hablan de esos tiempos, como si los hebreos fuesen una verdadera nación con una religión única, y no un mosaico de tribus con diversas creencias.

Como esta despreciable y desvergonzada mujer, era toda una experta en el arte de la seducción, cuando procedía a engatusar a cualquier hombre que le interesara para alcanzar sus más sórdidos propósitos, nunca llegó a tener algún tipo de recato al momento de emplear sus encantos. Por eso fue que logró desplazar a un segundo plano a las otras mujeres del rey, convirtiéndose en la favorita de éste, después de haberse confabulado con los integrantes de la cúpula sacerdotal para manejarlo a su antojo, aprovechándose que ya lo tenía en sus redes.

Su mezquindad nunca había tenido límites, desde un principio se había dedicado a insinuársele a ese hombre, poco después de finalizar esa sangrienta guerra contra los filisteos, cuando ella se percató del interés mostrado por él. Tras amancebarse en muchas oportunidades, lo convenció para que mandara a asesinar al hombre con quien había estado desposada en un principio, para mantener las apariencias, porque sus actos de infidelidad estaban a punto de hacerse notorios, cuando este hombre ya había sido aceptado como el mandatario de toda la región.

Cometieron ese crimen, porque su amancebamiento les había traído consecuencias inesperadas a esta pareja, al no encontrar la manera de poderle justificar ese embarazo a su traicionado marido, que la había repudiado, pidiendo la pronta intervención del patriarca de su tribu, que era diferente a la de David. Debo aclarar que por las venas de este cornudo hombre también circulaba sangre hebrea, pues, él no pertenecía a ninguno de los clanes hititas, como tratan de hacernos ver descaradamente a través de la Biblia, en el Segundo libro de Samuel.

Amigo lector, estos grupos indoeuropeos mencionados en ese libro, parecían invencibles durante los años cuando el imperio egipcio se encontraba sumergido en esas luchas político-religiosas provocadas por el hijo de Amenofis III, pero un tiempo después de la sangrienta Batalla de Qadesh, ellos fueron derrotados en oportunidades distintas por asirios, filisteos y kaskas, hasta obligarlos a retirarse a sus posiciones iniciales en Anatolia, desapareciendo como pueblo a comienzos del siglo XII.

Al manifestar que el asesinado esposo de Betsabé era hitita o heteo, nos encontramos con otra de las grandes mentiras de la Biblia, dándole la razón a las autoridades judías del siglo IV o V de nuestra era, cuando le dieron la calificación de falsos, a todos los libros distintos a los del Pentateuco, porque históricamente, este hombre identificado con el nombre de David, nació durante la segunda mitad del siglo XI a.J, y su relación con esa mujer se produjo muchos años después. Poco antes de que llegase a finalizar este mismo siglo.

Cómo es posible entonces, que en el capítulo 11, versículo XXI, del segundo libro de Samuel, hayan escrito lo siguiente: "¿Quién hirió a Abimelec hijo de Jerobaal? ¿No echó una mujer del muro un pedazo de una rueda de molino, y murió en Tebes? ¿Por qué os acercasteis tanto al muro? Entonces tú le dirás: También tu siervo Urías heteo es muerto".

Sintiéndose liberada de las repercusiones que su traición amorosa le podía traer, por haber enviudado, se aparejó formalmente con este jefe político-militar de los cabríos, mal llamado rey, dejando que su embarazo continuara hasta llegar a su fin, por haberse propuesto que su hijo sería quien ocuparía el cargo de David, aunque procedió a asesinarlo a las primeras horas de haber nacido, sin llegar a sentir remordimiento alguno, porque su bebé era de sexo femenino.

Procedió a cometer este nuevo crimen, para que esa niña no le pudiese estropear los planes que ya se había propuesto, desde que decidió mostrárseled desnuda y coquetearle a este hombre mientras tomaba un baño, pues, esta pequeña jamás podía heredar esa posición que tanto ansiaba. Al restablecerse del parto, usó todos los recursos que tuvo a su alcance para preñarse con la mayor prontitud, pariendo en la segunda oportunidad a un hijo varón, a quien llamó Salomón.

Al nacer este niño, pactó con los más altos clérigos para que la ayudaran a conseguir el mayor de sus propósitos en esos días; colocar a su hijo en la máxima posición de gobierno, cuando llegase a cumplir la edad correspondiente, para que eso pudiese suceder, ella debía cumplirles con algunas peticiones que le hicieron previamente. La primera de ellas fue, que les sirviera de puente para poderse acercar a su esposo sin despertar sospechas.

Su siguiente actuación consistió en persuadir a este hombre con sus encantos, que en todo momento estuvo dispuesto a complacerle cada uno de sus caprichos, para que se fuese apartando de los politeístas, por ser otra de las peticiones que les hicieron sus avariciosos amigos, como una forma de pago por la colaboración que les prestarían en el futuro, después de ella engatusarlo una vez más, y procediera a designarlo como su único heredero, ante un público que seleccionarían en el momento escogido por ellos.

Esto no lo debieron hacer los clérigos y su libidinosa aliada, porque a diferencia de lo que nos hacen ver muchos escritores sustentados en la Biblia, por servirle únicamente a los intereses religiosos del judeocristianismo, es prudente saber que Saúl y David jamás fueron reyes tradicionales, sino unos delegados militares de los patriarcas de ambas tendencias religiosas, para comandar las tropas durante sus combates contra los filisteos. Ese cargo no podía heredarse, porque a esta posición se llegaba por consenso de los jefes tribales.

Pese a los cabríos haberse juntado para alcanzar los triunfos en el campo militar, se continuaban comportando como un mosaico, al no haberles sido posible ponerse de acuerdo para organizarse como una verdadera nación. Como se sintieron agradecidos con este hombre que los condujo al triunfo, nadie puso objeción a que se quedara en su cargo, porque cada patriarca siguió conservando su autonomía dentro de la tribu, y nadie discutía sus decisiones.

En el nombramiento de Saúl, hubo participación de los jefes de ambos bandos, y en la entrada en escena de su amigo David, por tratarse de una situación muy particular, todos estuvieron de acuerdo. Pero a este hijo suyo pensaban colocarlo en ese sitial, a través de los distintos engaños que montarían los intrigantes amigos de su voluptuosa madre, quienes integraban esa cúpula religiosa que continuaba empeñada en mostrar a Yahvé, como el único dios a idolatrar por su gente, bajo la condición de ser recompensados, cuando él fuese colocado en el cargo.

En esos años la misteriosa deidad de los cabríos monoteístas continuaba sin tener imagen alguna, porque los sacerdotes sólo se preocuparon en tratar de salir de la crisis que se les presentó después de aquel ataque filisteo, donde ella y su máximo representante habían quedado muy mal parados. Como el sucesor de Saúl también tenía sus mismas creencias, cuando finalmente triunfaron sobre sus enemigos, y avasallaron a algunos pequeños reinos de la región, procedieron a manifestar que esos triunfos los habían logrado, por el apoyo que les dio.

Valiéndose de nuevas tretas fue como los clérigos se comenzaron a ganar nuevamente el prestigio de los miembros de aquellas tribus que aún estaban inconformes y dudaban de esa deidad amorfa. Los secuaces de quien actuaba para esos tiempos como su máximo representante, aceptaron aliarse con esa compañera de David que asesinó a su propia hija, para acercarse a quien tenía el control de las armas, apartando una vez más a los integrantes de los clanes que se continuaban negando a compartir sus creencias.

Al envejecer ese ingenuo jefe político-militar de los hebreos, los creyentes en otros dioses ya se encontraban separados de las filas del ejército y de los cargos gubernamentales donde estuvieron colocados en un principio. Quedaron cesantes, sin importarles los méritos que hubiesen alcanzado estos valerosos combatientes, pasándolos a formar parte de los ciudadanos comunes, para que no representaran peligro alguno cuando los taimados aliados de su compañera, procedieran a ejecutar los planes que se habían trazado durante los primeros años del gobierno de este hombre.

Los socios de Betsabé, aprovechándose de la influencia que alcanzaron nuevamente, desataron una enérgica campaña para que los patriarcas seguidores de su doctrina religiosa, se abstuvieran de participar en la asamblea donde procederían a elegir a quien vendría a sustituir a este anciano y enfermo hombre. Al no lograr su objetivo, porque en esos días habían varios aspirantes para ocupar ese cargo, manifestaron que él había jurado por su divinidad, ante su "esposa", que el hijo de ambos se convertiría en su heredero.

Como esos marrulleros de la cúpula clerical no lograron ganarse el apoyo de todos los sacerdotes monoteístas de menor rango, quienes estaban decididos a respaldar las aspiraciones de los patriarcas de sus tribus, que tenían bastante prestigio entre sus colegas de ambos bandos, no quisieron correr riesgos, y se apresuraron a llevar a Salomón al tabernáculo, donde procedieron a ungirlo, después lo proclamaron heredero del cargo ocupado por su anciano y senil padre.

Esa posición asumida por aquellos ambiciosos e insaciables individuos generó un gigantesco descontento entre los miembros de las tribus a la que pertenecían los otros aspirantes, y a estos se les unieron los politeístas que estaban cansados de los abusos de esos personajes. Las protestas en los poblados alcanzaron grandes proporciones, terminando en una guerra civil que dejó gran número de fallecidos entre los opositores, e inconformidad con esa divinidad sin imagen, por la bajeza cometida por quienes decían ser sus representantes.

Parecía que esas tozudas personas no aprendían la lección, porque desde que sus antepasados salieron de la Media Luna Fértil, V siglos atrás, se estuvieron presentando numerosas escaramuzas entre ellos, que siempre terminaban fraccionándolos, al no poderse poner de acuerdo sus patriarcas. Esa era la razón de peso por la que después de haber transcurrido todo ese tiempo, este grupo de semitas no se habían logrado convertir en una verdadera nación como muchos de sus hermanos, sino que continuaban siendo un mosaico de tribus.

Los escritores que le prestan sus servicios a esa organización sustentada en ese presunto semidiós concebido por la mortal María y el ente inventado por los descendientes de los cabríos, quien es conocido por el nombre de Jesucristo, no dicen nada de estas cosas en sus obras porque realmente no hacen investigaciones. Su única misión es reforzar todas esas patrañas montadas en un libro de la Biblia, llamado "Primera de Reyes", para poder mantener el fanatismo reinante entre los adeptos de esa corriente monoteísta.

Una de las evidencias donde se aprecia claramente que estos filibusteros de la escritura no han sido capaces ni de leer los libros del Pentateuco. En particular el capítulo 19, versículo XIX, de ese libro llamado "Levítico", pero aun así se hacen llamar historiadores bíblicos, es no haberse percatado de una de las contradicciones que aparecen plasmadas en el capítulo 1, versículos XXXIII y XXXVIII, del libro Primera de Reyes; siendo esta otra mentira del libro fundamental de los cristianos, una prueba irrefutable donde puede verse que la verdad jamás contradice a la verdad.

Los hebreos siempre han sido respetuosos de todos los mandatos que le han sido atribuidos a su dios Jehová, los cuales fueron escritos supuestamente por el Sr. Moisés, durante ese viaje donde condujo a su pueblo, hacia los espacios ocupados por los cananeos, que fueron identificados por todos ellos con el nombre de, "La Tierra Prometida"; creo que ninguna persona conocedora de la actuación de esa gente, tenga la menor duda de esta afirmación que acabo de hacer. Ante esta situación, me siento en la obligación de realizar la siguiente interrogante.

¿Cómo se le ocurrió al escritor de Primera de Reyes hablar de la existencia de las mulas dentro de los suelos ocupados por los hebreos, durante los últimos años del mandato de ese gobernante, que fue el padre del "sabio" Salomón?

Para quienes desconozcan como se produce el nacimiento de estas nobles y fuertes bestias de carga debo decirles, que ellas son el resultado de una mixtura (para usar la misma palabra de Levítico), es decir, ellos son unos animales híbridos procreados del cruce de asnos con caballos.

Efectué esa pregunta con ánimos reflexivos para que las personas ingenuas se puedan dar cuenta de este nuevo engaño bíblico, porque en el capítulo 19, versículo XIX, del libro de Levítico se puede leer lo siguiente: "Mis estatutos guardarás. No harás ayuntar tu ganado con animales de otra especie; tu campo no sembrarás con mezcla de semillas, y no te pondrás vestidos con mezcla de hilos".

Cómo es posible que el imbécil escritor de Primera de Reyes, haya hecho esta afirmación en el versículo XXXIII: "Y el rey les dijo: Tomad con vosotros los siervos de vuestro señor, y montad a Salomón mi hijo en mi mula, y llevadlo a Gihón".

Este personaje desconocedor de la historia y del cumplimiento de los hebreos a los supuestos mandatos de su deidad, no se conformó con escribir semejante estupidez, por eso volvió a repetir nuevamente en el versículo XXXVIII, lo siguiente: " Y descendieron el sacerdote Sadoc, el profeta Natán, Benaía hijo de Joiada, y los cereteos y los peleteos, y montaron a Salomón en la mula del rey David, y lo llevaron a Gihón".

¿Se puede dar cuenta de estas otras dos mentiras o contradicciones que se encuentran dentro de la Biblia, porque los otros libros distintos al Pentateuco nada tienen que ver con los hebreos, sino que fueron escritos apresuradamente por unos mercenarios de la escritura, contratados por los jefes del cristianismo, de comienzos del siglo IV?

El autor del libro Primera de Reyes, desconocía cómo había sido la vida de los hebreos después de su llegada a las tierras de los cananeos, por no investigar ni ser judío, sino un hombre perteneciente a la religión legalizada por el Emperador Constantino, en el año 313 de nuestra era. Lo mencionado en sus páginas nada tiene que ver con los acontecimientos suscitados durante el siglo X a.J, cuando los clérigos que estuvieron en connivencia con Betsabé, complotaron con los jefes del ejército para imponer a través de la fuerza y con el filo de sus espadas, al hijo de ésta, en la posición que ocupaba el anciano David.

Las mezquinas ambiciones de esta instigadora Dama, de los religiosos, y de los hombres que tenían el control de las armas, fueron los causantes de esa nueva escisión producida dentro de estos grupos semíticos. Algunos patriarcas descontentos que no pudieron controlar sus emociones, debieron huir a Egipto para no morir asesinados, como les sucedió a los más exaltados; hasta algunos veneradores de esa deidad sin imagen se aliaron silenciosamente a los politeístas que no se marcharon.

Cuando finalmente se alcanzó una tensa calma, poco antes que el decrépito cuerpo de David descansara para siempre, Salomón asumió como un verdadero jefe de gobierno, vigilado por su madre y todos los que complotaron para colocarlo en esa posición. Desde ese mismo momento y sin mantener las apariencias, los degenerados sacerdotes lo presionaron para obligarlo a cumplir las promesas de esta mujer; esa es una de las razones por la que se dedicó a despojar de sus recursos a las familias que se quedaron, sin importarle sus creencias religiosas.

Como sólo se preocupaban por ellos mismos, Salomón, su madre y los amigos de ésta, en lugar de mantener la austeridad, ante la crisis económica en la que se encontraba el reino, se dedicaron a vivir con mucha ostentosidad; obligaron a la población en general a pagar onerosos impuestos que aumentaban casi a diario, aparte de los acostumbrados diezmos, para satisfacer la voracidad de todos ellos. Haciéndoles ver desde el gobierno, que esa inaguantable carga fiscal se debía, a las urgentes necesidades del estado.

Mientras las autoridades gubernamentales procedían a actuar de esa manera tan inconsciente, los clérigos tampoco se quedaron atrás, no tuvieron el menor reparo en pechar a los tradicionales fieles a su doctrina con el acostumbrado impuesto sacerdotal. Aunque los politeístas llevaron la peor parte, porque los integrantes del ejército también se esmeraron en usar sus armas para obligarlos a ponerse al día con este arbitrario tributo religioso, que debieron pagarlo con efecto retroactivo, desde los años que se logró implantar el reino.

Los abusos en la recaudación fueron aumentando a medida que transcurrió el tiempo, porque la demanda de recursos económicos que se hacía en la época de David, era para pagarles los sueldos a los soldados y demás funcionarios del estado, aparte de cubrir todas las apetencias de sus mujeres, pero muy especialmente las de la exigente Betsabé. Esa situación cambió cuando su hijo accedió a complacer a sus cofrades, y construir todas aquellas monumentales edificaciones, como sus distintos palacios y el majestuoso templo de Jerusalén.

Ese impresionante centro de adoración y los otros que resultaron menos espectaculares que el de la capital, también los debieron financiar los ciudadanos en su totalidad, porque los clérigos estaban acostumbrados a emplear los diezmos para los usos personales de ellos y sus gigantescas familias, porque estos parásitos descendientes de los habiru, también tenían muchas propiedades, numerosas mujeres y algunas decenas de hijos.

Después de la muerte de este hombre que expolió al pueblo hebreo en complicidad con los sacerdotes monoteístas, las pugnas internas que en ningún momento fueron detenidas por completo, se acentuaron nuevamente hasta llegar a su punto más alto. Llevando una vez más la peor parte, los integrantes de los grupos minoritarios que nunca estuvieron de acuerdo con el financiamiento de los religiosos por parte del estado.

Por mantener sus justas peticiones comenzaron a ser arrasados, porque los poderosos clérigos y los jefes del ejército querían seguir controlando el poder político con una patraña similar a la anterior, ubicando en esta oportunidad a Roboam, en la misma posición donde igualmente colocaron a su padre, en el pasado. A ninguno de ellos les importaba si los politeístas se adherían a su causa religiosa o no, porque este ¿Sabio? rey había encontrado la forma de obtener recursos financieros de todos los ciudadanos, y una buena parte de eso iba a sus bolsillos.

Al estallar este nuevo conflicto entre los cabríos por la mezquindad sacerdotal, entró en escena Jeroboam, quien se colocó al frente de los grupos que se exiliaron voluntariamente en las tierras de los egipcios, porque estos hamitas les dieron una buena acogida, ante todas las vejaciones que estas familias hebreas estuvieron sufriendo, por negarse a aceptar las patrañas de la desgastada concubina de David y sus compinches, que involucraban al dios jehová en todos sus infundios, desde mucho tiempo antes de Salomón asumir el mando.

Este hombre retornó a las tierras donde nacieron los suyos, en compañía de los expatriados y de muchos guerreros hamitas facilitados por los gobernantes egipcios, con el propósito de auxiliar a sus oprimidos hermanos que no pudieron abandonar esos suelos en la oportunidad anterior. Todos esos politeístas y un considerable número de monoteístas estaban siendo masacrados por las tropas hebreas, cumpliendo órdenes de los representantes de ese dios sin imagen, por negarse a aceptar al nieto de David como su nuevo rey.

Su entrada a las tierras de los cananeos sorprendió a clérigos y soldados, y como e estos últimos no contaron con el coraje suficiente para enfrentarse con las decididas tropas dirigidas por el recién llegado, recibían una aplastante derrota en cada batalla que sostenían, logrando rescatar a todos los politeístas avasallados por Roboam y sus aliados. Le había dado una orden a los suyos: "Al darse por vencidos sus enemigos, debían respetarles sus vidas después de desarmarlos y obligarlos a retirarse de las zonas en conflicto".

Al hijo de Salomón y a los jefes sacerdotales, que fueron los verdaderos causantes de las masacres y las expulsiones de los nuevos sublevados, igualmente los respetaron, pero los obligaron a abandonar sus lujosos palacios y todos los templos, incluyendo al de Jerusalén. Procediendo finalmente a incautar los tesoros encontrados dentro de esas edificaciones, incluso el Arca de la Alianza, en cobro por todo lo que les arrebataron a la fuerza y por los atropellos sufridos hasta la fecha.

Con la desaparición de ese objeto usado para recordar el supuesto pacto celebrado entre sus ancestros y el dios sin imagen, sus clérigos de esa época ya no tuvieron nada que enseñar en sus rituales durante un tiempo. Andaban muy preocupados por lo acontecido, no sabían qué hacer, porque la apariencia de su deidad continuaba siendo un total misterio, ninguno de ellos era capaz de imaginárselo, y menos aún sus adoradores.

La grave crisis política surgida como consecuencia de la sordidez de los religiosos, llegó a su fin en esa oportunidad, debido a que el libertador de los grupos minoritarios los convenció para establecerse en la parte norte, obligando al derrotado Roboam y los suyos a mantenerse tranquilos en el sur, al que llamaron Reino de Judá. Al territorio ocupado por este patriarca llegado de Egipto, lo bautizaron con un nombre muy particular: "La Tierra de los Hombres Libres, o El Reino de los Hombres Libres"; aunque los judeocristianos le dicen: " El Reino de Israel".

Le dieron ese nombre, porque ahí se concentró toda esa gente que habían sido perseguidas y esclavizadas, por estar inconformes con los abusos cometidos en nombre de esa entelequia que realmente no tuvo culpa de nada. Estas personas agradecidas, también designaron a su libertador como jefe político y militar, siendo esta la primera vez que un politeísta perteneciente a las tribus hebreas ocupaba un cargo semejante.

Transcurridas casi dos décadas de esa división, al morir el rey Jeroboam I, los habitantes de ambos reinos volvieron a enfrentarse entre ellos mismos, en diferentes oportunidades, y como manifesté en los párrafos anteriores, estos individuos parecían no entender las lecciones recibidas por su tozudez. En el reino de Judá, los sumos sacerdotes monoteístas que sustituyeron a quien fuese aliado del depuesto nieto de David, para esos tiempos estaban llenos de un profundo odio hacia los egipcios y sus propios hermanos politeístas, a quienes consideraban sus peores enemigos.

Pese a lo que leemos en los libros bíblicos, y en los sustentados en ellos, a finales del siglo X, durante el mandato de ¿Abías de Judá? o ¿Asa de Judá?, todavía no se sabía cómo era su misteriosa divinidad protectora, que había comenzado a confeccionar un astuto e influyente descendiente de los cabríos, su quinto juez, poco tiempo después de haber sido electo mayoritariamente por sus colegas, los otros patriarcas de ese mosaico de tribus, en la segunda mitad del siglo XIII a.J.

Para que no continuara debilitándose la fe en la población, los jefes clericales procedieron a construir una réplica de la famosa Arca, porque a comienzos del siglo IX a.J, estas personas ingenuas que nunca llegaron a comprender los motivos de esa guerra con sus hermanos politeístas, no tenían conocimiento de lo sucedido con la primera caja, por estar pendientes de rechazar a los grupos invasores llegados del norte y del sur.

Aprovechándose de ese desconocimiento de la población, los jerarcas del judaísmo continuaban haciendo grandes esfuerzos para tratar de dar a conocer una sola versión de los acontecimientos que provocaron esos enfrentamientos, porque sus subalternos, los clérigos de bajo rango, por separado, se dedicaban a dar a conocer diferentes explicaciones en cada centro poblado donde actuaban, sobre los logros alcanzados por sus tropas. Todos intentaban a su manera, recuperar la confianza perdida en su desacreditado representado, por haberse perdido la dirección.

En el reino de Israel no se le permitió a ningún grupo religioso tener un sacerdote supremo, pero si se aceptó la construcción de sus modestos centros de adoración, por cuenta propia y sin la intervención directa del estado, por eso ninguno de ellos tuvo la majestuosidad del edificado en los tiempos de Salomón. Pese a esta condición, los cambios de gobernantes en esta región se presentaban con más frecuencia, porque cada jefe cabrío buscaba alzarse con el poder, haciéndose débiles al momento de enfrentar a sus enemigos.

Pese a que judíos y cristianos no se atreven a aceptarlo, porque sus dogmas fundamentales se desmoronarían, los acontecimientos volvieron a cambiar para ambos bandos hebreos, en particular para los monoteístas, porque las tropas del rey Teglatfalasar III sometieron sus reinos, obligándolos en principio a pagar tributos, durante el año 734 aproximadamente. Pero 7 años después, al morir este rey de los asirios, sus herederos exiliaron a los creyentes en el dios sin imagen, en particular a las familias sacerdotales y las de los gobernantes, por su intransigente posición.

Hasta los primeros años de la segunda mitad del siglo VII a.J, estuvieron trasladando a estos intolerantes religiosos a las distintas zonas que estaban bajo control asirio, siendo aquellos integrantes de las familias clericales llevados a la Media Luna Fértil, los que conocieron las características de la máxima deidad de los pueblos sumerios, An o Anú; aunque también se percataron del dios Ea o Enki, y sus leyendas sobre la creación del hombre, de los relatos sobre el diluvio, del árbol cuyos frutos otorgaban la vida eterna, etc.

Como sus feroces opresores eran adoradores de Assur, una divinidad guerrera a la que siempre le ofrecían la sangre de sus más valerosos enemigos, los cabríos decidieron sacarle provecho a todos los anteriores mitos, porque llegaron a creer que lo antes descrito había sido olvidado por las personas de esos tiempos.

El regreso de las primeras familias descendientes de aquellos fanáticos que terminaron exiliados en diferentes territorios de esos espacios regados por los ríos Tigris y Éufrates, se produjo antes de la destrucción de la ciudad capital del imperio asirio, Nínive, en el año 612 a.J. Todo empezó poco más de dos décadas atrás, cuando esas personas se percataron de la debilidad de sus opresores, al conocer los resultados que estaban obteniendo las tropas de los medos y la de los babilonios, que se pusieron de acuerdo para formar una poderosa alianza, y poderlos enfrentar con éxito.

Su retorno les permitió a los sacerdotes monoteístas que lograron permanecer en esta parte de Palestina, conocer muchas de las cualidades de la suprema divinidad idolatrada por los sumerios, que para esa época era mostrada como el abuelo del poderoso dios Marduk. Enterándose que era un anciano de piel blanca y estatura bastante elevada, con una cabellera que le llegaba a la altura de la espalda, y una larga barba parecida al algodón, que tocaba su pecho; se encontraba sentado en un hermoso trono ubicado en el tercer cielo.

Durante esos años, cuando medos y babilonios estuvieron tratando de eliminar todo vestigio de sus más encarnizados enemigos, los asirios, fue cuando los jefes de esos representantes de esa deidad amorfa idolatrada desde la primera mitad del siglo XII, que estaban en connivencia con los recién llegados, acordaron colocarle muchas de las cualidades del dios An, sin que sus seguidores se pudiesen enterar de sus actuaciones.

A pesar de haberle dado una forma bastante definida a su deidad sin imagen, los clérigos de esos días parecieron no sentirse satisfechos con la obra realizada, porque continuaron con sus jugadas, colocándole dos de las cualidades fundamentales con las que había sido venerado el dios Enki, al que presentaron en el neolítico como un ente compasivo, indulgente y hacedor de la humanidad.

Cuando Nabucodonosor II penetró en esa parte de Palestina, en los últimos años del siglo VII a.J, los sacerdotes hebreos continuaban con la tarea de generarle una imagen a esta misteriosa entidad que decían representar en la Tierra. Durante poco más de una década, los integrantes de las tropas invasoras que permanecieron custodiando a los encargados de cobrar los tributos en ese suelo, les permitieron a esta gente actuar con libertad.

Hasta los rituales con los que los monoteístas habían comenzado a ofrendar a su deidad, desde la última década de ese mismo siglo VII, fueron respetados por los babilonios, porque al escucharlos hablar de su protector Jehová, estos hombres llegados de la Media Luna Fértil, creyeron en un principio que estaban glorificando a una de las antiquísimas divinidades de aquella región, al dios Anú, el padre de Ea, y abuelo del dios Marduk.

Señores de las religiones monoteístas, sus antepasados incitaron el fanatismo con falsos cuentos y medias verdades, investiguen para que encuentren los motivos que llevaron a este respetuoso hijo del rey Nabopolasar, a ordenarles a sus soldados que arremetieran contra los templos monoteístas hasta convertir en ruinas el de Jerusalén. Si lo hacen, podrán llegar a observar el comportamiento asumido por aquellas personas, que fueron provocadas por sus insensatos clérigos para que irrespetaran a la suprema divinidad de Babilonia.

Si los escritores al servicio de las religiones que plantean la veneración de un sólo dios, hubiesen sido honestos, y en lugar de desinformar, aclararan en sus libros las razones que provocaron esos acontecimientos, las nuevas generaciones de fieles a la doctrina monoteísta entenderían por qué esos cándidos integrantes de los clanes, que continuaban siendo engañados por los representantes de jehová, a comienzos del siglo VI, asumieron esas irracionales posiciones.

¿Se ha preguntado, cuáles fueron los motivos para que los templos religiosos de muchos otros pueblos de la antigüedad nunca llegaran a ser profanados ni destruidos por los babilonios, pese a haberlos obligado también a pagarles tributos?

Durante la segunda mitad del siglo VI a.J, unas décadas después que el rey Ciro II los liberara del influjo babilonio, a este dios que ahora si tenía imagen, le agregaron un atributo más novedoso; sus representantes de esos años manifestaron que era bueno. Esta última cualidad la tomaron de una divinidad de la religión Dualista de los pueblos medo-persas, llamada Spenta Mainyu, a la que el reformador Zoroastro le cambió el nombre por el de Ormuz o Ahura Mazda.

Su relación con los persas, no sólo permitió sumarle otra cualidad a Yahvé; también sirvió para darle un giro de 180 grados a su vieja doctrina religiosa, que muy pocas personas se han podido dar cuenta de esa situación, porque dejaron de ser monoteístas para adoptar el dualismo, aceptando la existencia de una nueva divinidad nunca vista entre ellos, la del mal. Esta otra invención sacerdotal de los descendientes de las tribus cabrias, no tuvo nombre durante muchas décadas, pero después se refirieron a ella con el calificativo de Satanás.

Para estos charlatanes de finales del siglo VI o comienzos del V a.J, este ente habitaba dentro de una región igualmente copiada de la religión medo-persa, a la que dieron a conocer como El Infierno Judío. Fue empleado para amedrentar a todos los temerosos pobladores de esas tierras, obligándolos a aceptar a su metamorfoseado dios como el único y verdadero, porque quienes no lo hiciesen, al morir, sus almas caerían en poder de ese maligno y ficticio ser, y sus auxiliares, llamados demonios, se encargarían de someterlos a los peores suplicios.

Aunque no tardaron tanto tiempo, como sucedió con su dios Jehová, porque a Satanás o el Diablo, el otro nombre por el que también se le conoce, procedieron de darle su forma actual, en la segunda mitad del siglo IV a.J, después de recibir la visita de las tropas del rey Alejandro III, el hijo de Filipo II de Macedonia, dando a conocer varias leyendas fabulosas sobre su aparición. A él igualmente lo copiaron de otra vieja deidad de los pueblos medo-persas, conocida en un principio con el nombre de Angra Mainyu, a la que el Profeta de la Luz, procedió a identificarlo como Ahriman.

Esos fueron los cambios más significativos que sufrió esta metamorfoseada invención de los hebreos monoteístas, que es identificada como el dios Jehová y el padre de Jesucristo, desde que se dieron los primeros pasos para confeccionarlo como una divinidad amorfa, durante aquellos años de finales del siglo XIII a.J, cuando ese personaje que llegó a ocupar la posición de quinto juez de aquel mosaico de tribus, se hizo nombrar sumo sacerdote de una entelequia que nadie conocía en esos años.

Mucha gente no se ha percatado que la actuación de este personaje fue lo que dio inicio a la religión monoteísta de los hebreos, después que sus antepasados llegaran a conocer algunos detalles sobre ese dios Tum, Atén o Atón, cuando Akenatón quiso implantar su novedosa doctrina en los suelos egipcios, como una salida estrictamente política que lamentablemente terminó afectando a la antigua organización dogmática de los suyos.

Su intención sólo era cesantear a los poderosos sacerdotes de Amón-Ra y a sus cómplices, porque gran parte de estos funcionarios que debían estar entregados al cuidado y ornato de los templos de sus dioses, y efectuarles las ofrendas a estos ficticios entes a quienes decían representar en el imperio, por sus ansias de poder en la sociedad, dejaron a un lado cada una de las funciones naturales que les correspondían realizar, para inmiscuirse dentro del terreno político, tomando decisiones que no eran de su competencia, y manejando a los gobernantes para apoderarse de los recursos económicos.

Dios si existe

Amigo lector, he considerado prudente hacerlo partícipe de esta explícita respuesta que le di a Rafael Marín, sobre la existencia de Dios. Espero que ella sirva para aclararles algunas dudas a sus interrogantes, y si ese no fuese el caso, por lo menos le haya proporcionado puntos sólidos donde sustentarse, para encontrar lo que ha estado buscando a ciegas y sin éxito, durante todo este tiempo; pudiendo comprender a partir de ahora, la razón de su existencia, de los demás seres humanos y la del resto de los seres portadores de vida.

Le agradecería no aceptar de forma dogmática estos planteamientos que le he dado a conocer, los cuales están fundamentados en mis investigaciones de varios años, dentro de los tres planos existenciales; haga sus propias indagaciones para encontrarle lógica a estas cosas, porque toda la obra del Creador Universal también lo es. Reflexione cada vez que le sea posible, no se ciegue ante este tenue rayo de luz; tenga presente que el dogmatismo es una venda difícil de quitar, y quien anda en la búsqueda del Generador de Vida, no debe andar con los ojos cubiertos.

Cuando haya terminado sus reflexiones, espero que ya no posea dudas sobre la existencia de este Grandioso Ser, al que identificamos con diversos nombres. Recuerde que la desinformación creada hasta ahora por los diferentes parásitos sociales, es para evitar que nos demos cuenta de una condición muy particular, que los llamados seres vivos llevamos una parte infinitesimal de Él, dentro de nuestro organismo, siendo esas minúsculas porciones suyas, las activadoras de esas complejas estructuras proteicas a las que les decimos cuerpos.

En vista de todo lo manifestado por mí, hasta este instante, confío que ahora si pueda llegar a entender, por qué los organismos de los seres portadores de vida, son los únicos templos donde podemos localizar las pequeñas porciones de Dios, por ser cada uno de ellos la residencia que está ocupando en ese momento, y no dentro de cualquiera de esas monumentales o modestas obras construidas por los distintos sacerdotes, desde la antigüedad más remota hasta nuestros días, en nombre de cada uno de esos entes, para efectuarles rituales.

Los accionistas de esas empresas dedicadas al engaño, que comenzaron a ser instauradas por primera vez, por aquellos habitantes de esos paradisíacos suelos regados por las aguas de los ríos Tigris y Éufrates, en los últimos siglos de la segunda mitad del IV milenio a.J, que le han estado ofreciendo a las personas más ingenuas de las generaciones posteriores, religarlas con sus sandeces, a esos entes ficticios creados en su imaginación, o en las de sus colegas del pasado, han sido los causantes de toda la aberración existente sobre este Grandioso Ente Creador.

Aunque debemos tener claro que los charlatanes más primitivos, los del mesolítico, los iniciadores de las invenciones más arcaicas acerca de los entes bienhechores y maléficos, no actuaron en principio de mala fe, sino que se condujeron de esa forma con un único propósito, poder solventar sus necesidades físicas más elementales, en especial las de alimentación y vestido, sin tener que ejercitar sus músculos como las otras personas, por haber quedado impedidos de efectuar sus acostumbradas actividades físicas.

Lamentablemente todo se comenzó a complicar para la humanidad, cuando los personajes que continuaron con esa labor, se dieron cuenta de la influencia que ejercían sobre las demás personas, y después de juntarse para establecer sus empresas, fue como crearon esa situación absurda que seguimos teniendo hoy. Por eso considero al sacerdocio, como uno de los más grandes y siniestros oficios que hayan sido inventados por los hombres, el más antiguo de todos.

Desde que se lograron establecer las distintas comunidades, lo único que le ha interesado a estos individuos ha sido, mantener activa a como dé lugar las corporaciones donde se agrupan, porque esa actividad les genera grandes dividendos a sus asociados. Estos señores jamás se han esforzado en conocer al "Creador del Universo", y mucho menos que sus fieles seguidores se lleguen a dar cuenta, que sus cuerpos son los verdaderos templos donde habita una porción suya; han venido actuando con todo tipo de engaños durante milenios, con un único propósito, evitar a como dé lugar, que se vean afectados sus intereses económicos.

Las únicas referencias que habíamos tenido hasta ahora de las divinidades, eran los relatos fabulosos contados sobre aquellos seres o entes ectoplasmáticos confeccionados por los diferentes clérigos de la antigüedad. Sin embargo, no sabíamos absolutamente nada de esa "Mente suprema", quien fue capaz de generar los elementos fundamentales de los tres planos existenciales que conforman el universo, y de todas las cosas encontradas en cada uno de ellos, empleando la única materia prima disponible en ese momento, la energía.

En esas referencias que hemos venido teniendo durante todos estos siglos, nunca ha habido originalidad alguna, pues, todas ellas representan una copia de otras mucho más antiguas, las cuales se sustentaron en todo momento, en los planteamientos hechos por nuestros mismos congéneres. Esos hombres que se presentaron como divinidades o representantes de éstas en la Tierra, después de plantear que los primeros humanos aparecidos en la superficie del planeta, fueron elaborados de un barro fabricado con sangre y polvo de la tierra.

Dios si existe, es la única razón de nuestra existencia en esta estupenda edificación. Los productos de su actuación lo apreciamos en el aire que respiramos; sobre el suelo por donde nos desplazamos; en el Sol que irrumpe en la oscuridad para presentarnos todos los días un nuevo amanecer; al sentir la fuerza de las tormentas y percatarnos del remanso de los ríos; dentro de los portentosos e indomables mares; contemplando el rocío de la mañana; en la fresca agua que brota del hontanar;

sintiendo la fragancia de las flores; observando el verdor de los fértiles campos; saboreando la dulzura de los frutos maduros; oyendo el alegre trinar de los pájaros, y en todo lo maravilloso que percibamos a través de nuestros sentidos.

Además, en el momento de la fiera atacar para obtener su alimento; en lo generado por las guerras y todos los conflictos generados por las personas ignorantes de su realidad; al desatarse la fuerza de los vientos; en la portentosa energía desprendida por los volcanes; al manifestarse la oscuridad de la noche para permitirnos apreciar el brillo de las estrellas; en la existencia de los seres a quienes les molesta la luz del Sol; sobre los gélidos e impresionantes glaciares y en los ardientes desiertos; al manifestarse todos los efectos generados por el magnetismo y la electricidad. También es la fuente de vida y el amor en su máxima expresión.

Si todas las cosas que he mencionado le parecen suficientes para describir su obra y llegarlo a conocer a plenitud, le manifestaré con toda sinceridad, que realmente no es así, porque son muchas más las que me han faltado por decir. No crea que es fácil poder describir con tan pocas palabras, a la fuente primordial de la que emergieron los elementos fundamentales de todo lo existente en esta edificación extraordinaria, a la que le decimos universo por convencionalismo, donde nada ha quedado fuera de su intervención directa o indirecta.

No me cansaré de repetir lo siguiente. Todos los llamados seres vivos sin excepción, llevamos dentro de nuestro organismo una parte casi imperceptible de Él para los científicos, que no es precisamente aire como llegaron a creer los clérigos romanos desde los últimos años del siglo I a.J, pues, eso es lo que significa la palabra latina, "Spiritus". La esencia suya en cada uno de nosotros, es una minúscula porción de energía electromagnética, que posee exactamente sus mismas cualidades.

A eso se debe la inteligencia con la que están dotados todo los seres portadores de vida, sin que haya ninguna diferencia con Él, pero que no hemos podido apreciar hasta ahora, por la tremenda confusión creada de forma malintencionada por esos parásitos sociales, quienes dicen estar representando a sus propias invenciones; esas entelequias del plano astral con las que han estado engañando a la sociedad planetaria durante milenios.

En el momento de emerger cada una de sus partes infinitesimales, pese a estar dotadas de inteligencia para que puedan interactuar con el medio donde se encuentren, lo hacen completamente en blanco, sin tener atesorado ningún tipo de conocimiento. Todas salen de Él con la misma indicación, tratar de obtener la mayor cantidad de información posible de su entorno; pese a comportarse como una de esas unidades extraíbles de almacenamiento, una pendrive o cualquier otro dispositivo de este tipo, se diferencian de ellos, porque cada chispa está dotada con una capacidad ilimitada para acumular todo el conocimiento que adquiera, quedándole siempre espacio donde colocar más.

Como consecuencia de ese estado de consciencia que podemos apreciar en los representantes de las diversas especies portadoras de vida, a los que todavía no se les ha desarrollado esa capacidad o habilidad a la que le decimos Mente, fue la causa fundamental por la que los charlatanes les hicieron creer a nuestros ancestros del Neolítico, que los humanos aparecimos o fuimos confeccionados de forma totalmente distinta a los otros seres que nos acompañan aquí en la Tierra.

Estas porciones infinitesimales de energía electromagnética procedentes del Gran Generador de Vida, que son capaces de activar la materia inerte, conduciendo con inteligencia las diversas estructuras de material proteico de distinta forma y tamaño; desde los organismos más sencillos, a los que hemos estado identificando con el nombre de individuos unicelulares, hasta los más complejos como los de los seres humanos. Cada una de ellas es poseedora de una pequeñísima longitud de onda, y vibra a una frecuencia extremadamente alta.

Por esas condiciones tan particulares que presenta esa sustancia procedente de este Grandioso Ser, es la razón por la que ha resultado imposible de detectar hasta ahora, con el instrumental poseído por los señores del gremio médico, y por los demás científicos dedicados al estudio de los seres portadores de ella. Pese al estancamiento en el que se encuentran estos investigadores en ese sentido, saben que en nosotros hay algo más que no conocen; siendo a través de ese "algo", como Él se dedica a investigar todo lo existente en las distintas regiones de cada plano existencial.

Esta definición de vida que me he arriesgado a dar, no es para que sea aceptada de forma dogmática como cualquier persona pueda llegarse a imaginar, y trate de generar alguna polémica con respecto a esto. Quien crea tener una mejor, le agradecería que la emitiera para tener un punto sólido donde nos podamos sustentar, porque siempre me he preguntado: "Cómo los científicos han podido dar esa explicación que hemos aceptado como la definición de ser vivo, o portador de vida, sin antes haber establecido un concepto de vida".

Respeto las posiciones asumidas por esos señores que llegaron a definir a los seres vivos de diversa manera, durante todo este tiempo: 1) Los individuos que son capaces de nacer, crecer o desarrollarse, reproducirse y morir. 2) Un conjunto material de organización compleja donde intervienen sistemas de comunicación molecular, que lo relacionan internamente y con el medio ambiente, intercambiando materia y energía de una forma ordenada, que está capacitado para desempeñar las funciones básicas de la vida. 3) El de la antigua doctrina vitalista, cuyos defensores planteaban, el ser vivo está dotado de una misteriosa fuerza vital.

En vista de estas definiciones y muchas otras que le recomiendo leer, considero que lo más adecuado sería llamarlos seres portadores de vida, por una razón muy sencilla. Cuando decimos que cualquier individuo ha fallecido, o perdió la vida, aceptamos sin darnos cuenta, que dentro de su organismo no se encuentra presente la vida, esa sustancia activadora que poseía inicialmente, por haberse escapado de alguna manera. ¿Está de acuerdo conmigo en este punto?

Por no reflexionar y aceptar fanáticamente los falsos dogmas de fe mostrados por los sacerdotes durante todos estos siglos, con el propósito de mantener vigentes sus rancios y artificiosos negocios, iniciados durante la Edad de Piedra, la humanidad ha caído en el error de acudir a las distintas construcciones edificadas por estos mercaderes del engaño, creyéndolo encontrar dentro de ellas, por la constante desinformación generada por cada uno de esos timadores, quienes han sabido colocarse al frente de esas instituciones fraudulentas.

A eso se debe que desde la organización dogmática de los sumerios, la primera en establecerse en la superficie del planeta hasta el catolicismo, el tronco principal del cristianismo, que de acuerdo a los Cátaros o Albigenses, fue la número 666, la humanidad ha acudido a los templos de los dioses Anú, Ea, Isthar, Amón, Isis, Atón, Marte, Vesta, Apolo, Jehová el padre del Cristo, y todos los demás que se han llegado a conocer a través de la historia, para encontrase con esas divinidades y ofrendarlas, por haber creído que estos seres de ficción escuchaban sus peticiones.

Qué diferencia existe entre aquellas ingenuas personas que vivieron en el pasado remoto, y las de la actualidad, quienes acuden a las edificaciones pertenecientes a las religiones más modernas, que se han estado mostrando como monoteístas, desde comienzos del siglo V a.J, creyendo encontrar en sus diferentes establecimientos, a ese único y verdadero dios que fue inventado por los descendientes de los grupos humanos que habitaron en el país de las pirámides y las esfinges, haciéndoles las mismas peticiones de aquellos politeístas o paganos, llamándolas ahora plegarias.

Mientras permanezcamos dentro de cualquier sitio del universo, jamás lo podremos hallar en toda su magnitud, como sus desconocedores puedan haber pensado, ni entraremos en contacto directo con Él, por una sencilla razón, porque las regiones que se llegaron a formar con los productos resultantes de la manipulación de la energía, resultaron demasiado pequeñas para que se pudiese introducir dentro de cualquiera de estas tres edificaciones, o planos existenciales.

Las personas que se conducen con la creencia de poderse encontrar con ese Magno Ser, aquí en esta hermosa esfera azul llamada Tierra, lo hacen, por todas esas falsedades que les han venido haciendo ver los charlatanes, a los integrantes de la sociedad planetaria, durante todo este tiempo. Empezando estas farsas, cuando los clérigos del Neolítico plantearon la llegada del dios Ea, para confeccionar a Adapa; continuando después con los encuentros amorosos que mantuvo la insaciable esposa del dios Anú, con animales de distinta especie y con humanos.

El mejor lugar donde cada persona encontrará una pequeñísima porción de este Grandioso Ser, que no es de aire como sí lo es "ese dios verdadero de los monoteístas", es buscándolo dentro de su mismo cuerpo, o en el de cualquier otro ser portador de vida. Le digo esto, porque ellos son los únicos sitios del plano físico, donde sus minúsculas partes están presentes; se acoplaron dentro de esas estructuras para poder conocer lo que ha estado sucediendo dentro de su obra, porque desde su formación, ésta todavía se encuentra en constante evolución.

Como no le fue posible ingresar en su totalidad dentro de ella, se ha valido de este procedimiento para obtener la mayor parte del conocimiento que le es posible, porque a medida que cada uno de sus emisarios cumplen con la misión encomendada y se encuentra nuevamente con Él, formando un único ser energético, le proporciona toda la información que ha adquirido, al momento de fundirse en ese remanso de paz.

Comprende ahora por qué digo que esta Magna Entidad Energética es la razón de la existencia de todos los seres portadores de vida, y representa el principio y el fin de todos los organismos vivientes, sin excepción alguna, que son los representantes de los distintos reinos aceptados hasta ahora.

En mi próximo libro que lleva por título, "¿Qué somos? ¿A qué venimos? ¿Dónde vamos?", hablo de esto con una mayor profundidad.

Para encontrar la chispa del Creador dentro de los seres portadores de vida, y en particular dentro de nosotros los humanos, primero debemos tomar consciencia de lo que somos realmente, percatándonos que nuestros organismos no son tan sencillos, ni están constituidos únicamente con la materia física, como nos han estado percibiendo los individuos dedicados a estudiar los seres vivos. Nos ven de esa manera, por haberse dejado influenciar por esa otra invención sacerdotal de la antigüedad, donde los charlatanes plantearon que las personas estaban formadas por un cuerpo y el alma.

Nuestra realidad es bastante diferente a como nos han estado percibiendo estos hombres de ciencia, porque nuestra estructura es una combinación muy diferente, y mucho más compleja, al sólo cuerpo y alma que consciente o inconscientemente terminó siendo aceptado por estos señores. Estamos constituidos mediante el acople de tres coberturas, vestimentas o vehículos totalmente distintas en cuanto a sus componentes, que se los mencionaré a continuación.

La envoltura exterior que es la más conocida por todas las personas, por ser la parte investigada por quienes están dedicados al estudio de los seres portadores de vida, los racionales y los irracionales, a la que sencillamente le hemos dado un nombre bastante característico, El Cuerpo Físico. Ella es la vestimenta más densa, de las tres que protegen a las chispas cuando se encuentran encarnadas, por estar constituida por el acoplamiento resultante de los elementos fundamentales de la materia física, los cuales reciben los nombres de: Quarks y Leptones.

La cubierta intermedia, que desde la antigüedad más remota, los sacerdotes le comenzaron a decir alma, pero un médico, astrólogo y alquimista de nacionalidad suiza, procedió a identificarla como El Cuerpo Astral. Este hombre nacido en los últimos años del siglo XV, identificado con el nombre de Theophrastus Bombast von Hohenheim, sus colegas procedieron a llamarlo burlescamente, a través de un apodo latino, diciéndole "Paracelsus", por haber afirmado con bastante frecuencia entre ellos, que él era muy superior a "Celsus", un médico romano del primer siglo de nuestra era.

Esta segunda envoltura es menos densa que la externa, por estar constituida por esa sustancia que es conocida por los investigadores del esoterismo como, Materia Ectoplasmática o Materia Fantasmal, que se acopla o encaja perfectamente en el cuerpo físico, y algunas personas se atreven a decir que es una copia fidedigna de éste, porque quienes poseen las cualidades para poderla apreciar, dicen que es exactamente igual, aunque con una menor consistencia.

El revestimiento más interno de los tres, que se encuentra más cercano la chispa, es considerado el primero de ellos; a esta cubierta la llaman Cuerpo Magnético en los seres irracionales, y Cuerpo Mental en los humanos. Presenta propiedades magnéticas, que las adquiere de esas minúsculas partes de la Mente Suprema, debido a su proximidad, permitiéndole esa cualidad, almacenar el conocimiento alcanzado por el emisario, hasta el momento cuando es atraído para integrársele al Creador.

También es el más imperceptible de los tres, pero quienes tenemos la facultad de poderlo apreciar, vemos al perteneciente a las personas, como si fuesen unas coloridas y brillantes pelotas de tenis, pero el correspondiente a los otros seres vivientes, se parecen a unas pequeñas esferas luminosas, con unas dimensiones menores a la de los humanos, dependiendo su volumen de la mayor o menor cantidad de conocimiento acumulado en él.

Pese a los grandes avances que ha tenido la ciencia durante el último siglo, todavía los estudiosos de los seres portadores de vida no cuentan con las herramientas suficientes para detectar la envoltura astral y la mental, de alguna manera. Aunque algunas personas que se han estado dedicando a la investigación, dentro del campo esotérico, han estado detectando distintas manifestaciones de las entidades ectoplasmáticas, con algunos instrumentos bastante sofisticados, cuando éstas se han estado presentando por alguna razón, en diversos sitios.

Mientras los científicos tradicionales no lleguen a detectar de algún modo, las otras dos envolturas o cuerpos sutiles que se encuentran presentes dentro de cada uno de los seres vivientes, resultará bastante difícil que sus gremios se arriesguen a aceptar su presencia en nuestros organismos, pero esto no quiere decir que estas cubiertas o revestimientos de esa parte infinitesimal del Creador universal, no existan.

Desde el siglo pasado, algunos investigadores del área de la salud realizaron experimentos con seres humanos en estados críticos y próximos a fenecer, para apreciar lo que sucedía físicamente en los organismos de sus pacientes, pues, desde hacía mucho tiempo, varios de sus colegas venían opinando que al llegar ese momento, algo debía desprendérsele o escapar de estas personas, para que se dijera comúnmente que perdieron la vida.

Su experimento consistió en algo relativamente sencillo, colocaron las camas donde se encontraban los moribundos sobre unas balanzas lo suficientemente sensibles, que eran capaces de detectar pequeñas variaciones de peso. Las sospechas de esos médicos fueron corroboradas en todas las pruebas realizadas, al percatarse que los cuerpos de las personas, inexplicablemente para los más escépticos, llegaban a perder algunas decenas de gramos, dependiendo de la cantidad de masa corporal de cada individuo fallecido.

Los resultados obtenidos por los representantes del gremio médico, que se dedicaron a efectuar este tipo de experiencias por cuenta propia, dentro de distintos hospitales, no se le dio la difusión debida. Sería realmente por las fuertes presiones de índole religiosas, a las que fueron sometidos estos investigadores, como se ha llegado a mencionar en diferentes oportunidades, para evitar que la mayoría de las personas se enteren de cosas inconvenientes para ellos.

A pesar de no haberse comprobado este tipo de "recomendaciones clericales", debemos tener presente que esos personajes se han estado valiendo de todo tipo de artimañas para evadir la realidad, y poder continuar con su engañoso, mezquino y próspero negocio. No les conviene que los creyentes en sus ficciones se den cuenta, que estamos constituidos por esa acostumbrada estructura física y otras dos menos comunes, mucho más sutiles que la primera; siendo la más interna y delicada, donde permanecerá encerrada la chispa, y nuca se llegarán a separar.

La variación de peso detectada en los experimentos realizados por aquellos representantes del gremio médico, durante el siglo pasado, se debe a la ruptura del acople existente entre esas tres estructuras constituidas de elementos totalmente diferentes, y su distanciamiento inmediato, al momento de presentarse en los humanos y los demás seres, ese desagradable evento que siempre causa mucha aflicción entre los allegados al difunto, al que le decimos, perder la vida.

Al instante de cesar las actividades en el cerebro en los especímenes humanos, y en todos los demás individuos dotados de este complejo órgano donde convergen todas las terminaciones nerviosas, que es el generador del mayor campo magnético en los seres portadores de vida, desaparece esta fuerza que mantiene cohesionada a esta primera envoltura donde se encuentra enfundado el emisario de Dios, con las otras dos. Por no existir ningún tipo de conexión entre los tres cuerpos, el físico, el astral y el mental, se acaban separando para siempre.

Investigando con la debida seriedad en los diversos sitios a los que podamos acceder, y no aceptando las cosas de manera dogmática por haber leído los planteamientos de un sólo autor, para no cometer los mismos errores donde ha estado cayendo un altísimo porcentaje de la humanidad, durante todo este tiempo, será cuando usted tendrá la oportunidad de conseguir las evidencias de lo que realmente somos, y muchas cosas más, porque también podrá darse cuenta que los organismos de los otros entes portadores de vida están ensamblados de la misma manera.

Al presentarse este acontecimiento, estará en capacidad de dar uno de los pasos más gigantescos en su proceso de evolución como ser universal, porque adquirirá un nuevo estado de consciencia, que le permitirá percibir dentro de su cuerpo, esa parte del Creador universal, y darse cuenta que todos los demás seres portadores de vida, de este hermoso planeta azul y los de las demás regiones del plano físico, también son emisarios suyos, por más insignificantes o importantes que parezcan.

Si fuésemos verdaderos observadores de nuestra realidad, y luego reflexionáramos, en lugar de estar alejados de ella, por creer que fuimos creado para idolatrar a esas invenciones sacerdotales, y hacer la voluntad de estos malintencionados comerciantes del engaño, nos resultaría más sencillo comprender las razones de nuestras existencias en esta parte del universo, y captar su presencia de una forma más clara en todos los rincones de su edificación, donde haya un ser vivo.

Para lograrlo, no tenemos necesidad de practicar ritual alguno, ni de rendirles culto a ninguna de esas invenciones sacerdotales que hayan sido implantadas con el uso de las armas, o a través del miedo. Menos aún, a esa entelequia confeccionada con avaricia por el quinto juez cabrío, cuyos herederos estuvieron cometiendo muchas aberraciones en contra de una parte de la humanidad, en distintas oportunidades, a nombre de ese metamorfoseado dios verdadero, al que también presentan como el padre de Jesucristo.

Los directivos de esos grupos que han estado usando cualquiera de esas metodologías a lo largo de la historia, son unos individuos extremadamente ignorantes, y carentes de la capacidad necesaria para comprender, que dentro de cualquier ser vivo se encuentra presente uno de los emisarios de Él. Con sus actuaciones han estado demostrando ser unos perfectos desconocedores de su obra, y de la razón de nuestras existencias.

El verdadero ser viviente es esa porción de energía inteligente dentro de nosotros, y el cuerpo físico la vestimenta o vehículo donde ella se coloca para poder cumplir con su misión. No olvide que solamente estamos aquí con un único propósito, que no es precisamente idolatrar a esas entelequias de ectoplasma inventadas por los charlatanes, sino adquirir conocimiento de todo lo existente, y de las repercusiones que se han estado presentando dentro de cada región donde nos corresponde actuar, para entregárselo finalmente al único Ente Generador de Vida.

Sí realmente quiere identificarse con Dios, y permitirle conscientemente que actúe a través de usted, no tiene que hacer grandes esfuerzos, con ser respetuoso con sus Leyes es suficiente. Ellas han sido mostradas por los estudiosos tradicionales del esoterismo como las Leyes del Universo, y por las otras personas como las Leyes de la Naturaleza; fueron las condiciones por las que se rigió cada elemento surgido de la concentración o condensación de la energía primigenia, para que interactuaran hasta la formación de cada plano existencial y todo lo existente en ellos, incluso sus emisarios.

Trate de vivir en el mayor equilibrio posible dentro de su entorno, actué con los demás seres, hasta con los de las especies menos evolucionadas que la humana, como le gustaría que procedieran con usted. Sea justo en todo momento, condúzcase siempre con la mayor verticalidad posible, nunca se inmute con los reproches que le hagan los desconocedores, por su comportamiento inflexible, pero sin llegar a cometer ningún tipo de exceso al actuar, porque para los estatutos establecidos por Él, no existe excepción alguna.

Todo lo que hemos sido capaces de dar en algún momento, siempre lo recibiremos con la misma magnitud, intensidad y propósito, como nosotros lo hicimos, ni más, ni menos, porque ese supuesto perdón de los dioses, del que nos han hablado los charlatanes durante milenios, no es real. Esta patraña fue lo que terminó corrompiendo a la sociedad planetaria, por creer que entregándole a los sacerdotes los obsequios exigidos por ellos, reparaban sus violaciones a las leyes.

Aparte de eso, le recomiendo reflexionar cada vez que sus ocupaciones se lo permitan. Comprenda que los demás seres también tienen sus mismos derechos; no olvide en ningún momento que los suyos no son ilimitados, y terminan donde comienzan los de ellos, porque usted no está en este planeta para señorear. Manténgase pendiente de sus pensamientos y acciones, para cometer la menor cantidad de infracciones posibles.

¿Cree que ésta es una tarea imposible de realizar?

¿Quién es Cheo Correa?

Cheo Correa nació en la ciudad de Cumaná, capital del estado Sucre, primogénita del continente americano y cuna del "Gran Mariscal de Ayacucho", Antonio José de Sucre, en el año 1955. Su infancia transcurrió al lado de su madre adoptiva y sus cinco hermanos mayores. Desde muy pequeño demostró sus cualidades en el campo de la investigación, dedicándose a la realización de experimentos sencillos, con los insectos y las plantas ornamentales en el jardín de su modesta vivienda, siendo éste el primer laboratorio donde trabajó.

Prefería estar solo y en silencio, razón por la cual desechó los bulliciosos juegos infantiles que practicaban sus vecinos y compañeros de la escuela, trayendo esto como resultado, que fuese mal visto por todos ellos, llegando incluso a burlarse de su inusual comportamiento. Como se mantenía la mayor parte de su tiempo libre, en actitud reflexiva, tampoco llegaron a comprenderlo ninguno de sus maestros de la preparatoria, y el resto de su grupo familiar, llegando los primeros a considerarlo un niño enfermo, por ser muy introvertido.

Aprendió a leer y escribir a muy corta edad, antes de que pudiese ingresar a la escuela pública, gracias al empeño y la paciencia de su inolvidable maestra, La Sra. Noemí Ávila de López. Sus sabias recomendaciones lo llevaron a descubrir el mundo fascinante que se encuentra en el interior de los libros, convirtiéndose la lectura para él, desde esa época, en el más grande pasatiempo que cree haber tenido durante toda su existencia.

Las enseñanzas que recibió de Noemí, en el hogar de esta Dama, ubicada en la conocidísima calle Zea de Cumaná, fueron suficientes para que pudiera superar la instrucción preescolar y los dos primeros años de educación primaria. Pese a todo el conocimiento adquirido hasta ese momento, cuatro meses después de cumplir la edad de seis años, comenzó su preparación formal en el segundo año, en "La Escuela Nacional Sucre" de su ciudad natal.

Sus estudios de secundaria fueron compartidos entre los liceos "José Silverio González" y "Antonio José de Sucre" de la capital sucrense, de la que nunca se ha querido separar. En esos días continuaba siendo un adolescente introvertido, que luego de estudiar y ayudar junto al resto de sus hermanos de crianza, en los trabajos de dulcería criolla realizados por su madre putativa, se afanaba a devorar todo tipo de lectura, sin discriminación alguna.

A medida que iba creciendo, cuando su tiempo libre se lo permitía, aparte de leer con avidez libros y revistas relacionados con diversos temas, como su única distracción durante aquellos años, igualmente le agradaba conversar con personas adultas, a quienes en todo momento escuchaba con la mayor atención posible.

Finalmente, realizó estudios superiores de Licenciatura en Química, en la Escuela de Ciencias del Núcleo de Sucre, en la

Universidad de Oriente. Siendo un estudiante universitario cumplió dieciocho años, edad en la que decidió incursionar en la actividad política, convirtiéndose en poco tiempo, en un dirigente juvenil de la única organización de ese tipo a la que perteneció.

A los veinticuatro años se dio cuenta de las "sutilezas" escondidas dentro de la política venezolana, razón por la cual abandonó esa actividad, por sentirse asqueado de quienes estaban al frente de ella, para esa fecha. Desde ese día se prometió a sí mismo, que jamás volvería a intentarlo en ninguna otra institución de ese tipo, aunque en varias aún conserva algunas amistades con las que intercambia esporádicamente y en privado, sus puntos de vista sobre la triste realidad que se sigue viviendo dentro de su pobre país rico.

En ese mismo tiempo, en el que daba sus primeros pasos en la actividad política y cursaba estudios universitarios, fue cuando se dedicó a las investigaciones dentro de la llamada filosofía esotérica. Esa necesidad surgió en lo más profundo de su ser, porque no había podido encontrar las respuestas satisfactorias a las múltiples interrogantes, que se venía planteando desde niño.

En un principio, buscó apoyo dentro de la religión católica, a la que también pertenecía el resto de su familia, pero el cura del templo donde acudía regularmente, con quien llegó a hablar en varias oportunidades, siempre mantuvo una actitud evasiva, por desconocer las respuestas que él buscaba. Cuando habían transcurrido algunos años de tratar de hallarle sentido a su existencia, en este hermoso planeta, conoció a una persona que en poco tiempo se convirtió en uno de sus más grandes amigos, "José Miguel Millán".

José Miguel fue un hombre con un algo especial, que es difícil de explicar. Este personaje le enseñó a apreciar esa cosa que comúnmente llamamos vida, desde una óptica diferente a la que estaba acostumbrado; siendo a partir de las sabias enseñanzas de este sencillo y sabio personaje, y a las reflexiones realizadas a diario, cuando comenzaron a abrírsele las puertas que le permitieron dar los primeros pasos para encontrar lo que había estado buscando.

Este señor que pasó desapercibido para la mayoría de las personas cercanas a él, por no saberlo valorar en su justa dimensión, fue quien le puso en sus manos dos libros de filosofía esotérica, uno de "metafísica cristiana" que estaba de moda en esos días, y otro relacionado con el yoga, siendo este último escrito por el Sr. Ramacharaca. Esos ejemplares que planteaban posiciones distintas, lo hicieron reflexionar durante muchos días, después de leerlos con bastante calma y la debida atención.

La meta que se propuso su mentor en este ámbito había sido lograda, porque las lecturas antes mencionadas, le hicieron sentir la necesidad de profundizar en esos temas, esmerándose durante años a estudiar y comparar los libros de este género que estuvieron a su alcance; escritos la mayoría de ellos por autores de diferentes escuelas.

Los estudios que más le llamaron la atención, fueron los relacionados con la mente, y como en su formación profesional había comprendido que todo lo existente tiene un principio u origen, entendió que antes de ahondar en esta capacidad que nos diferencia de los otros animales, debía conocer otras cosas que le sirvieran de basamento para efectuar investigaciones profundas sobre este tema.

Poco tiempo después de interesarse en el manejo de esa facultad que nos permite pensar, porque los libros de Ramacharaca lo influenciaron enormemente, creyó conveniente que debía estudiar y practicar Raja Yoga. Esta decisión la tomó por cuenta propia, por haberse dado cuenta que ella le permitiría despertar muchas otras habilidades de su mente.

Durante diez años consecutivos realizó investigaciones sobre algunos librepensadores de la antigüedad, y mientras hacía esto de forma metódica, continuaba con sus estudios comparativos de las doctrinas filosóficas-religiosas del pasado, y las que existen actualmente. Esa actividad le ayudó a entender algunas situaciones que le han ocultado a la humanidad; así fue como pudo conocer los orígenes del Yoga, del Budismo, de la Gnosis, de la Metafísica, del Espiritismo y de muchas otras corrientes, sin dejar a un lado a las religiones y los dioses venerados por los fieles de éstas.

Casi dos años después de finalizar su indagación sobre el Raja yoga, seguía estudiando y experimentando, hasta que alcanzó el objetivo que siempre han aspirado los estudiantes serios de la filosofía esotérica, "La Meditación". Esa iluminación de las divinidades como la llamaron en el pasado los discípulos de Siddhartha, le permitió encontrarse consigo mismo.

Tras haber logrado ese objetivo, fue cuando muchas de aquellas interrogantes que se venía realizando durante todos esos años de búsqueda, pudieron finalmente tener respuestas satisfactorias para él. Todo esto lo llevó a comprender sin trauma alguno, el porqué de todas esas situaciones agradables y desagradables por las que ha estado atravesando desde el mismo momento de nacer, porque fue separado a la fuerza de su madre biológica, a la que nunca llegó a conocer.

A través de la meditación fue como también se percató de la misión que le toca realizar durante esta encarnación; romper con los falsos dogmas y paradigmas que se encuentran sustentados en esa rancia invención de los hombres del Mesolítico, el bien y el mal. Está decidido a afrontar este reto a favor de la humanidad, pese a estar consciente de las graves consecuencias que esto le traerá en el futuro, en tierras lejanas a su querida Cumaná, porque los imponedores de dogmas se resistirán a ser desenmascarados para no perder sus prebendas.

Pocos años después de haber alcanzado la meditación, puso todo su esmero para poder realizar los viajes mentales, al comprender que si alcanzaba esa meta, no tendría limitación alguna para movilizarse en cualquiera de los tres planos de existencia. En la realización de uno de esos viajes se llevó una de las más gratas sorpresas de su vida, que en dos encarnaciones anteriores a ésta, él y su amigo José Miguel Millán, habían sido hermanos.

Siempre ha señalado en todas las entrevistas que le han hecho en prensa, radio y TV, que no realiza viajes astrales, a pesar de conocer varias técnicas para ejecutarlos. No los efectúa, por todas las restricciones que estos presentan, pero si practica los viajes mentales, porque a través de ellos no tiene límites para movilizarse, teniendo un mayor radio de acción dentro de los tres planos existenciales, al momento de efectuar sus investigaciones no tradicionales; así es como ha podido penetrar dentro de esas bibliotecas especiales, llamadas Registros Akásicos.

Los conocimientos adquiridos a través de sus investigaciones en distintas regiones del universo, apoyándose en los viajes mentales, la meditación y sus constantes reflexiones, le dieron la preparación suficiente para iniciar la primera tarea que debía cumplir; por eso fue que en el mes de Mayo de 1992, fundó una escuela de altos estudios filosóficos, NEVCU, "La Nueva Escuela del Viejo Conocimiento Universal".

En la actualidad, continúa residenciado en la ciudad de Cumaná, lugar de donde publica sus trabajos para que sean leídos en distintos puntos del planeta, a través de su página web, cheocorrea.com. Vive junto a su inseparable Zuleima, tiene tres hijos: Tonny José, José Miguel y Jorge Luis. Es el presidente fundador de NEVCU, librepensador, historiador consagrado al estudio del mundo antiguo, conferencista y escritor.

Aparte de lo anterior, fue columnista de dos prestigiosas publicaciones en la ciudad de Cumaná, "El Diario Región Oriente" y "El Periódico de Sucre". A finales de la década de los años 90, efectuó varias publicaciones en "El Correo del Caroní", uno de los diarios de Ciudad Guayana, y se desempeñó hasta el mes de diciembre del año 1997, como columnista de "El Diario Provincia" y articulista del "Periódico Siglo XXI", estos últimos con sede en su ciudad natal.

En sus actividades privadas, fundó una empresa dedicada a la prestación de servicios, trabajó como investigador, fue catedrático en educación media y superior. Actualmente está jubilado de las actividades docentes y asesora a otros columnistas de prensa. Durante los años 2008 y 2009, actuó como consejero de política vecinal, en una organización de este tipo. En los últimos años ha continuado con sus investigaciones, dictando conferencias y talleres, mientras continúa al frente de los altos estudios filosóficos en NEVCU.

www.ingramcontent.com/pod-product-compliance
Lightning Source LLC
Chambersburg PA
CBHW060520100426
42743CB00009B/1387